JN069226

課題の見える化＆標準化で

人が育ち組織が回る

「業務改善の仕組み」のつくり方

西野紳哉
Shinya Nishino

日本実業出版社

はじめに

　いろいろな企業で業務改善が行なわれており、"進んでいる企業"と"遅れている企業"の格差はますます開いています。

　しかし、企業の業務改善の内情はそこに勤めている人しかわからず、外からはなかなか見えません。いわばブラックボックス化しており、ノウハウの本や雑誌を探しても「企業の業務改善」の手法が具体的かつ丁寧に述べられたものは見つかりません。

　私は関東地方でチェーン展開しているスーパーマーケットで、広く業務改善・店舗運営・システム・人事教育の仕事を、それぞれ課長・部長・本部長・関連会社社長の立場で実施してきました。4つの領域の仕事を4つの役職で繰り返し担当してきた珍しい経歴を持っています。よりよい形で自社の課題を解決するために、わからないことはすぐ情報収集を行ない、数々、実験検証してきました。成功したことも多々ありますが、失敗したこともあります。時が過ぎ、技術革新が進み、敗者復活の挑戦をしてうまくいった課題も多々あります。

　そして、長い間、繰り返し担当したからこそわかってきたことがあります。それは次の2つです。

　1つは「人の力」に頼った仕組みはくずれやすいということです。苦労して定着させたさまざまなノウハウも「人」がつくったものである以上、「人の力」に頼った分だけ、時間と共に劣化するリスクがあるのです。それに対してどう対応するかが大きな課題でした。

　もう1つは、「ベストプラクティスを目指す」ことです。人がつくり上げたものは経年劣化するリスクを必ず孕んでいる。そうであれば、経年劣化に耐えうるだけのしっかりしたもの、どんな状況、どんな人間が使ってもベストだ、これが最適解だ、というものをつくり上げておけ

ば、経年劣化の程度を軽減できます。

　ベストプラクティスを見つけるため、私はいろいろな社外の方々とアポイントを取り、実際に活用し効果が出ている方法や失敗事例など具体的に教えてもらいました。つまり、私の中には、普通は知ることのできない、さまざまな企業のベストプラクティスを集約し、生み出された究極の業務改善メソッドが蓄積されているのです。

　その経験から、本書は、業務改善をしたい方、仕事のやり方を改善したい方、仕事の仕方に行き詰まっている方向けに、改善のヒントになればと思い執筆しました。

●業務改善と業務改革の違い

　また、本書では業務改善に加え、業務改革の実践方法についても説明しています。

　そのため、ここで本書で扱う業務改善と業務改革について、定義を明確にしましょう。皆さんは、業務改善と業務改革の違いをご存知でしょうか？　多くの人々が混同して使用されていますが、区別することが必要です。対策を立案するときの視点が大きく違ってくるからです。

　業務改善は現状の仕組みを肯定し、そのよいところをさらに伸ばそうとしたり、悪さ加減の原因を追究して問題を解決することです。

　一方の業務改革は現状を否定し、新しい仕組みに乗り換えることを言います。在来線の特急電車を新幹線に切り替えるような創造型の課題解決です。

　業務改善は現状の仕組みを肯定しているので、根本的な問題が潜んでいても抜本的に解決する手段がありません。一方で業務改革は古い仕組みを捨て、新しい仕組みを創造します。破壊と創造です。強い信念とリーダーシップと、人と組織を動かす行動力が必要になってきます。

現状を肯定して業務改善を行なうのか、現状を否定して業務改革を行なうのかが対策立案の判断の大きな分かれ目になります。

●大きな時代の流れからくる業務改善の課題

　では、なぜ、いま、業務改善（ひいては業務改革）が必要なのでしょうか？　私は「ＡＩ・ＩＴ・ネットワークなどの劇的な進化」「働き方の変化」「チェーンストアの大量出店」の３つをその理由として指摘します。１つずつ説明しましょう。

●業務改善が必要な理由①　ＡＩ・ＩＴ・ネットワークなどの劇的な進化

　これは言わずもがなですが、10年前と今日で我々を取り巻くIT環境は圧倒的に変化しました。つまり、ＡＩ・パソコン・スマホ・動画・ＳＮＳ等の劇的な普及がありました。

　それにより、いろいろなジャンルの仕事について「プロでなくても、素人が頑張ればある程度できる時代」がやってきました。

　また、「パソコン・スマホ・動画・ＳＮＳ等を使えない人々がだんだん減少し、使いこなす人々がますます増加している変革期」でもあります。

　さらにここ数年は、コロナ禍でテレワークやＷＥＢ会議が劇的に進化しました。

　つまり、次の４つの要因が、ITの進歩や世界情勢の変化によってもたらされました。

①　ＡＩ・パソコン・スマホ・動画・ＳＮＳ等の劇的な普及

②　プロでなくても、素人が頑張ればある程度できる時代

③　パソコン・スマホ・動画・ＳＮＳ等を使えない人々がだんだん減少し、使いこなす人々がますます増加している変革期

④　コロナ過で劇的に進化したテレワーク・ＷＥＢ会議

　それにもかかわらず、日本の企業の多くには人手に頼った会社運営体

制や手作業の仕組みが、まだまだ残っています。

　一方、日本の少子化、超高齢化、それに伴う労働人口、生産人口の減少も指摘され始めて数十年の月日が経っています。しかし、人口問題に関しては解決の糸口をつかめていないのが現状です。つまり、働き手は減っている。IT環境は進化している。その状況下で、日本企業は「少ない人手で多くの利益を得る」体制を整えていく必要に迫られています。

　だからこそ、省力化・省脳化などシステム化する仕事と人手をかけてやる仕事を明確にして、仕事の仕方や生産性の改革をどう進めるかがとても重要になってくるのです。

●業務改善が必要な理由② 働き方の変化

　日本企業の多くには、高度成長時代の「売上がよければすべてよし」の時代に育った経営者や、昭和のマネジメント・スタイルなど過去の仕組みや遺物がまだまだ残っています。

　その一方で、残業を減らし、男女の格差の少ない制度を整えようとする企業も現れています。少子化ともあいまって、いま、若い人は「自分に合った企業」をある程度自由に選べる環境に置かれています。

　つまり現在は、高度経済成長期やバブル期のような「みんなイケイケどんどんで、働くことが美徳」の時代でもなく、就職氷河期のような「働くところがないから、どんな劣悪な環境でも耐え忍んで働く」時代でもありません。若い人は「嫌ならやめて、自分に合ったところを探せばいい」と考えています。これからは、「働き方改革ができているかどうかが企業存続の生命線」になるのです。

　また、「企業のブラック実態は社会にバレている」ということも指摘しておきましょう。働きたい会社・働きたくない会社の情報はSNSでだだ漏れ！　が現代社会です。働き方改革のできていない会社はますます採用難になっていきます。また、労働基準法の改正もあり、その面で

も長時間労働などを放置しておくことは難しくなっています。

　他方、どんどん増える手作業の労務管理チェックの負担や、抜け漏れリスクの増大も懸念されます。全従業員の労務コンプライアンスの遵守と健康管理への対応が、企業の大きな課題になってきているのです。

● 業務改善が必要な理由③　チェーンストアの大量出店

　3つめの理由はすべての職種、業種に関わることではありませんが、日本の企業では割合が多い小売業については、チェーンストアの大量出店が見過ごせません。

　戦後、個店経営から脱却し、チェーン経営する企業が増大しました。最近の数十年はさまざまな業界でチェーンストアが出店しています。

　チェーン経営の最大の強みは、店舗を数多く出店することによって、容易に規模の拡大ができるということです。

　しかし、一方で、規模の拡大によって、店舗間のバラつきがどんどん広がっていきます。これが、チェーン経営の最大の弱点です。

　チェーン経営では、誰でも簡単に、マネジメントができ、成果が生まれる仕組みが必要になります。ところが多くのチェーンストアで個店経営時代のマネジメントの仕方や仕組みがまだまだ残っていてチェーンマネジメントができていないという、とても大きな課題があります。

　個店経営の延長線上の経営手法ではバラツキが多発し生産性が低くなります。昭和の個店経営のマネジメント手法はすでに崩壊していますが、古い体制の仕組みやシステムがかなり残っています。

　MH（人時、その業務を1人ですべて行なったと仮定した場合の作業時間）管理のできない古い勤務管理の仕組みでは現場の多くの店舗の人件費管理はできず、ムダな人件費のたれ流しになっています。チェーンマネジメントできる新しいシステム開発が必要です。

　具体的にはコミュニケーション方法1つを取ってみても、ピラミッド

型組織の上位下達の情報伝達方法やワンウェイコミュニケーションが限界にきています。従業員とのダイレクト・コミュニケーションの時代に変わってきているのです。

　個店経営の人手に頼った経営方式から脱却し、チェーン・オペレーション・システムやチェーン・マネジメント・システムをどう構築するかが、とても大きな課題です。

●本書の構成

　本書は４ステップで構成されています。

　「ステップ１　いますぐ始められて効果が実感できる！　業務改善の基礎」では、簡単に誰でも活用できる、仕事を進める上で効果があった業務改善の手法を記載しました。私が勤めていたスーパーマーケットチェーンの業務改善チームで長年実践していたノウハウで、簡単でとても効果があったものばかりです。

　コラムに記載した「発表用原稿を簡単につくる方法」や「資格・昇格試験の効率的な勉強の仕方」については、当時、昇格試験を受験する社員に伝え、とても効果があったと感謝されたノウハウです。ぜひ試してみてください。

　「ステップ２　業務改善を推進する人が知っておくべき基本の手順」では、業務改善の実践にあたって必要なスキルを記載しています。業務改善を行なうにあたっては、人と組織を動かす必要があります。上位下達の命令方式では業務改善は定着しません。仮にそのときは強引に定着させたとしても、いつかくずれてしまいます。業務改善のノウハウは未来に継続し、維持・伝達する必要があるのです。また、ステップ１、ステップ２は仕事の進め方の基本中の基本でもあります。

「ステップ3　人が自律的に動き出す業務改善の仕組みづくり」では、科学的に人を有効活用する業務改善の事例を載せました。現状の仕組みを基本に業務改善をする方法について記載しています。もちろん、大きな改善効果もありますが、現状の仕組みを基本にした業務改善なので、根っこの問題は改善できません。また手作業や抜け漏れが発生するという課題も残っています。それらについての事例を紹介しています。

「ステップ4　業務改革に取り掛かるときに知っておきたい自動化の仕組み」では、特別なことは何もしないのに効果が出続ける、科学的に人を有効活用する「究極の業務改革システム」についても紹介しています。業務改善の仕組みを業務改革システムにしたものです。この手法を使えば、誰も何もしないのに自動で業務改革と働き方改革を推進できます。つまり、簡単に多くの店舗や事業所をチェーンマネジメントできます。なぜ自動で推進できるのか、その仕組みをご説明します。

ちなみにステップ1、ステップ2、ステップ3では業務改善という言葉を使い、ステップ4では業務改革という言葉を使っています。

前述したように、業務改善は、「現状の仕組みを前提に改善すること」。業務改革は「全体の仕事のプロセスを見直し抜本的改革をすること」と定義しているためです。本書を読めば、2つの違いを実感していただけることでしょう。

業務改善・業務改革の急所は、誰でも簡単にでき、効果が出続けることです。どうしたらそれを実現できるか、私が体得したコツをぜひ皆さんにも知っていただけたら光栄です。

※本文中の書体に関しては、誰にとっても見やすく読みやすい、ユニバーサル・デザインフォントを使用しています。

はじめに

ステップ1
いますぐ始められて効果が実感できる！
業務改善の基礎

ステップ2
業務改善を推進する人が知っておくべき基本の手順

ステップ3
人が自律的に動き出す業務改善の仕組みづくり

ステップ4
業務改革に取り掛かるときに知っておきたい
自動化の仕組み

カバーデザイン／菊池祐（ライラック）
本文DTP／ダーツ
本文イラスト／イラストAC
編集協力／齋藤康敏

ステップ1

いますぐ始められて効果が実感できる！業務改善の基礎

ステップ1では、業務改善のチームで長年実施して定着したノウハウをご紹介します。どれも簡単でとても効果があったものばかりです。ぜひ試してみてください。

強い企業は、強い現場を持っている

　企業を取り巻くさまざまな状況の中、競争に打ち勝ち、自社の経営を盤石にするためには「強い企業」になる必要がある。そのことは経営層の方なら日々痛感されているでしょう。

　では、強い企業とはどんな企業かと言えば、「強い現場」を持っている企業だと私は考えます。強い現場とは「常に自ら問題を発見し、自ら問題を解決する現場」です。

　いま、求められているのは、強い現場をつくれる職場のリーダーです。自分たちで問題を発見し、課題を解決できる職場をつくる＝業務改善を推進するのがリーダーの役割です。慣れないうちはやみくもに業務改善をしようと意気込んでも徒労に終わってしまう場合もあるので、業務改善の基本や手順を学ぶ必要があります。

　職場には、いろいろな考え方の人がいます。また、自分たちでは改善しているつもりでも、多くの人には改善方法が伝わっていない場合も多く、「井の中の蛙」状態になって、「改悪」になっているケースもあります。

　業務改善を進めて強い現場をつくるためには、リーダーは正しい方向性を見極め、明るくたくましいチームづくりをしていく必要があります。

　業務改善の着眼点や急所について、きちんと身につけておく、そのためには職場のリーダーの現状の問題点を解決する力と将来に向けての課題を見える化する力が問われます。

◎問題と課題の違いをきちんと理解する

　いま、「リーダーの現状の問題点を解決する力と将来に向けての課題を見える化する力」と書きました。「問題も課題も同じ意味なのでは？」と思った方もいらっしゃるのではないでしょうか？　しかし明確に使い分ける必要があります。

● 問題とは何か？　課題とは何か？

　「問題」や「課題」は日頃とてもよく使っている言葉ですが、改まって「問題とは何？」「課題とは何？」と聞かれると、とても難しい質問かもしれません。

　問題とは、あるべき姿や目標と現状との差（ギャップ）のことです。

　問題解決とは、現状のレベルを本来のあるべき姿に戻す活動のことを言います。

　問題解決は、問題の根っこの原因を究明して、これを解決していくやり方なので、原因追究型の改善活動だと言われています。

　弱い現場では、あるべき姿や目標が不明確なので、現状とのギャップに気がつきにくく、何が問題かわからないという弱点を抱えています。

　強い現場ではいろいろな項目について、あるべき姿や目標が明確に設定され共有されているので、誰でも簡単に問題（あるべき姿や目標と現状との差）が発見できるようになっています。

　これを私は、問題の見える化、悪さ加減の見える化と呼んでいます。悪さ加減が見えないと、現状の問題が何か気がつかず、ずっと放置されることになります。誰でも簡単にわかるように見える化する必要があります。

　では課題とは何か？　課題とは現状のあるべき姿と次のめざす姿との差のことを言います。つまり、未来の理想的なめざす姿、次のめざすべき方向を示す羅針盤にあたります。現状のあるべき姿よりは高い目標で

す。課題解決は、従来の仕事のやり方にこだわらず、新しい方策を追求して、次のめざす姿の実現にむけて改善する活動のことです。現状の発想では、なかなか解決できないので、叡智を結集したり、内外の新しいノウハウを取り入れたり、新しいやり方を創造して解決するので、創造型の改善活動だと言われています。現状の問題を解決し、次のめざす課題を適切に見える化するのがリーダーの大切な役割です。

◎問題解決

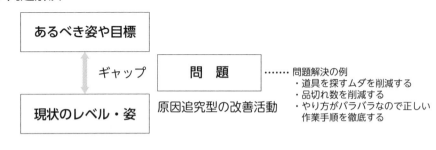

◎課題発見

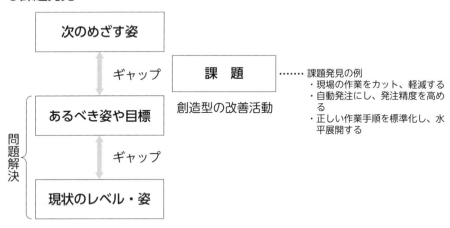

●問題解決・課題の見える化＝業務改善の急所
◎業務改善の「急所」を突けば企業は変わる

　この問題解決、課題発見は、業務改善の「急所」でもあります。

　「急所」と言うと何か時代がかった古めかしい言葉のように感じるかもしれませんが、「急所」は囲碁でとてもよく使われている言葉です。一目置く、死活問題、白黒つけるなど囲碁から生まれた言葉は多くあります。「急所」には次の2つの意味があると言われています。

①　打たれたり傷つけられたりすると命にかかわるような重要なところ
②　物事の最も重要な部分・要所・要点のこと

　つまり、「最も重要なこと」というのがミソです。手品を見て「すごい」と思っていたけれど、蓋を開けてトリックを見てみればなんてことはなかった……という経験はないでしょうか？　このトリックにあたるのが、「急所」を突いたノウハウです。
　これはつまり、ノウハウを知っている人と知らない人では、効果に大きな差が出るということです。ノウハウを知っている人は簡単に効果を出せます。ノウハウを知らない人は一生懸命頑張りますが、努力の割には効果が出ません。労多くして効果なしです。急所をはずしているとも言えます。

　業務改善は「誰でも、簡単にでき、効果が出続けること」が重要です。
　特定の人しかできないものは使う人が限定され、いつか使われなくなります。努力が必要なものは実践するのが大変なので、いつか使われなくなります。
　業務改善は、そうではなく、誰でも簡単にできることがとても重要です。そのためには「ムダなことはしない」ことも大切になってきます。
　「課題を見える化する」ときには、急所をついた課題を設定する必要があります。枝葉末節な課題だったり、少し見当違いだったりする課題だと効果は全く出ないからです。
　私たちは、対策を考えるときに熟考に熟考を重ねた末ではなく、単な

る思いつきで出てきた案でパッと決めてしまうという困った癖を持っています。また単純に問題点の原因の反対の対策をあげるという癖も持っています。

　つまり結論を急ぐあまりに、真剣に考えずに、すぐに原因の反対の対策にジャンプする癖を持っています。これを「対策ジャンプ」と呼びます。「対策ジャンプ」は非常に起きやすいので注意が必要です。

　スーパーの事例で言うと、次のようなことがありました。

（問題）発注の精度が悪い
⬇
（反対の言葉）発注の精度を上げる
⬇
（対策）POSデータを活用し発注精度を上げる

　問題を見える化したとき、このように、短絡的にパッと対策が浮かびます。

　ところが現実的には、POSデータを時間をかけて分析・活用するよりも、作業割当をするときにもっときちんと発注の時間をとるほうが本当の問題解決につながる場合がよくあります。

　対策ジャンプした案を一生懸命実施しても、改善効果は期待できません。

　いきなり対策をパッと決めるのではなく、問題を起こしている真の原因、根っこの原因を見つけてから行動しないと効果的な対策は打てません。

　「なぜ」「なぜ」５回という有名なキーワードがあります。

　発生した問題に対して、その原因をとことん追究し、真の原因である

「根っこの問題」を探り当てる方法です。

　その過程において、「なぜだ？　なぜだ？　なぜだ？　なぜだ？　なぜだ？」と５回繰り返して問題の核心を突いていきます。５回という回数に意味があるわけではなく、１つの問題に対して、１〜２回考えただけで出した答えを絶対的な答えだと決めつけずに、何度も繰り返し自問自答しながら徹底的に考え抜く大切さを、この言葉は示しています。

◎「なぜ」「なぜ」５回で真の原因＝課題を探す

　では、どのように業務改善をすればいいのか。私が経験した10の事例をもとに説明しましょう。

業務改善チームでかかげていた３つのテーマ

　まず、私が業務改善のチームリーダーに指名されたときに、かかげていた３つのテーマをお伝えします。

　私が業務改善のチームリーダーになって真っ先に実施したのが、自分のチームの業務改善です。現場の業務改善を進めるチームが、ムダのある仕事の仕方をしていては話になりません。まず自分たちの業務改善をしよう！　ということでかかげたのが次の３つです。

１：ものを探すムダを排除する
２：仕事の抜け漏れをなくして、仕事の納期はきちんと守る
３：チームプレーで仕事をして、残業しないで毎日定時に退社する

　このテーマをチーム全員で共有化し、業務改善に取り組みました。個人管理ならいろいろなやり方がありますが、それでは各自の好き勝手流になってしまいます。チーム全員ができるようにするために、次の２つの前提条件を設定しました。

・全員で同じノウハウを使う
・全員が簡単にできる

　チームの全員ができるようにするためには、いろいろな知恵や工夫が必要でした。業務改善と言うとむずかしく考えすぎてしまいますが、職場で困っていることを取りあげて、みんなで知恵を出して、１つずつ改

善することが大切です。

　そして、この３つのテーマを具体的に課題として整理し、解決するための仕組みづくりをしたのが10の業務改善事例です。

　10の事例は、業務改善のチームで長年実施して全員に定着していたノウハウです。どれも簡単で、ある個人だけができたのではなく全員ができて効果があったものばかりです。改善ノウハウの１つの参考として見てください。

課題１：ものを探すムダを排除する
解決策：ワークファイルに必要書類の保管を一元化する

　実務の中で多いムダの１つが、「ものを探すムダ」です。

　１日のうちには書類や文具・道具を探すムダがとても多く発生しています。あまり重視されていない場合が多いのですが、目に見えないムダが多発しています。

　そこで、文具や道具は共通管理しようと置き場所を決め、チーム全員で定物定位（決められたものを決められた位置に戻すこと）を守ることにしました。これによって文具や道具を探すムダの排除はすぐできました。

　しかしやっかいなのは個人別に管理していた書類でした。個人個人でさまざまな書類をさまざまな仕方で保管しています。またきちんと管理している人、私のように整理整頓が苦手な人、千差万別です。

　まずは自分たちの業務改善をしようということで、「書類は全員30秒以内に出せるようできないか」をテーマとしてかかげました。

　書類にもいろいろな種類があります。いま作成している企画書だったり、過去作成したいまもよく使う資料だったり、会議の出席依頼だったり千差万別です。

　個人個人の価値観で大事にしている書類も違います。そもそも各自仕事の担当領域が違うので保管している書類の種類も違っています。

　いまから30年前の課題なのでIT機器は一切使っていません。アナログ的な仕組みです。「どうすれば全員書類を30秒以内に出せるようにできるか？」。皆さんも少し考えてみてください。

●全員で「ワークファイル」を使用する

はじめてのディスカッションではさまざまな意見が出ました。そもそも保管している書類が個人別にまったく違います。電話帳や組織図のような共通の書類もあるけれど、大半は担当している仕事別の書類を持っています。「ああでもない、こうでもない」と言いたい放題、議論しました。

ところがとある意見が出たときに、霧が晴れて一気に結論が見えはじめました。「確かに、保管している書類は違うけれど、保管している書類の機能は同じではないか」という意見が出たときです。

いま作成している最中の書類、確定した正式な書類、他部署から来た役に立つ書類、参考になる他社の書類、それぞれ書類は違いますが保管するということは、「あとで見返す必要がある」という機能は同じです。

自分が出席する会議の招集案内や研修案内、週間業務報告書も、「あとで、もしくは都度見返す必要がある」という機能は同じです。あるいは電話帳や会社の組織コードなどの共通資料もあります。

「書類の機能別のインデックスを考えてみるから、みんなでやってみない？　まずはやってみてダメなら改善しよう」という提案にチーム全員が賛同してくれました。

この「まずはやってみよう。やってみてダメなら改善しよう」が業務改善チームの合言葉でした。

答えはシンプルで、全員同じ「ワークファイル」を用意し、そこにファイリングしていく仕組みをつくりました。

Ａ４二穴リングのファイルに当面使う書類一式をファイルします。

Ａ４ファイルを使用するのは、実務で使う書類はＡ４が多く、Ａ４資料を簡単にファイルできるからです。システム手帳やＡ５サイズのファイルでは、書類を折りたたんだり、縮小コピーしたりする手間が発生します。個人用としては管理できるかもしれませんが、多くのメンバーで

共有化する仕組みとしては無理が生じます。ちなみにＢ４資料は２回折りたたんでファイルします。紙の長い辺を横にして、真ん中で１回谷折りし、右半分の真ん中でもう１回山折りしてファイルします。このように折りたたむと書類を簡単に開いたり閉じたりでき、簡単に見ることができます。

◎折りたたみ方

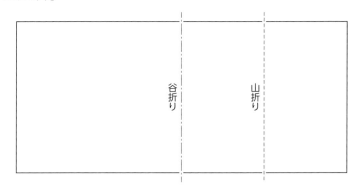

　全員同じファイルを使用し、ファイルするものの目次を統一しました。これをワークファイルと呼んでいました。

　いつも使う書類一式が入っているので、間違いなく30秒以内に出せます。仕事場でも１冊、会議に出るときも１冊、外出するときもこれ１冊！　とても便利でした。

　ただ、このファイルでムダ時間を削減するために、注意したポイントがあります。次の２つです。

①　書類は一時保管して、簡単にはファイルしない

　もらった書類を端からファイルしていくと、ただ単に書類が集まっているけれど必要な書類はなかなか見つからない、「ゴミファイル」になります。

　そこで、その日発生した書類はデスクの片隅に積み上げて一時保管し

ます。「書類を腐らせる場所」をつくってしまうのです。1週間、1カ月など時間をおくと必要な書類なのか、それとも時と共に陳腐化する書類なのかが明らかになります。

そこで不要な書類はリサイクルにまわします。保管しておくべき書類は、次の②で保管します。

②　全員の共通保管資料をつくる

資料やデータは共有保管することにしました。具体的にはデータは共有フォルダに一元化します。紙の資料は、チームの中でもとても几帳面で整理整頓が得意な社員がみんなの分をまとめて管理してくれていました。

こうすることで、必要な資料は個人のワークファイルかチームの共有ファイリング、共有フォルダに保管されていることになります。このフ

◎ワークファイルにファイルするものの目次イメージ

ファイルの左側	ファイルの右側
電話帳	週間マストドゥ
会社組織図・組織コード	行動予定表
店舗電話番号・住所	週間業務報告書
会議体案内	完成してよく使う資料
研修参加案内	よく使う他部署の資料
会社の行事予定	案件別進行中の資料A
	案件別進行中の資料B
	案件別進行中の資料C
	当面の組織別資料Ⅰ
	当面の組織別資料Ⅱ
	当面の組織別資料Ⅲ
	参考情報

ァイリングの仕組みは、のちに数百店のお店のファイリングシステムを
つくるときにもとても役に立ちました。

　大勢の人が30秒以内に書類を出せるようにするにはこの方法はとて
も簡単で、1日の中のムダな時間を削減できました。

　当面の仕事に使うもの、当面の会議や研修に使うもの、仕事に関する
資料などをまとめて入れます。

◎ワークファイルの本物（左）とメンバーが30年間使用したワークファイル（右）

　勤務時間中は、週間マストドゥ（週ごとのしなければならないことの
リスト）を一番上にして、開いてデスクに置いておきます。

　上記の写真（右）は30年前当時の業務改善チームの1人（几帳面で
全員の書類を管理してくれた人です）が使っていたワークファイルの実
物です。「65歳まで30年間、当時配られたワークファイルをずっと使い
ました！」とのことで、1冊約200円で約30年間も役立ったので、費
用対効果もかなりものです。私も退任するまでワークファイルをずっと
使っていました。

　私の場合はチームでやりましたが、まずは個人で始めてみるのもおす
すめです。

課題2：インデックスの効果的な使い方は？

解決策：どのようにインデックスを使うのがいいのか実験検証する

　また、「ものを探すムダ」に関連して資料のムダの改善では、「ファイルのインデックスの効果的な使い方」という課題には長い間苦労しました。

・資料に直接インデックスを貼るとコピーするときにひっかかって邪魔になる
・関係各所からさまざまな資料が送られてきて、頻繁に分類が変わる
・会社の部門が増えたり減ったり、組織名称が変わったりするとインデックスの貼り替え作業が発生する
・高価なインデックスを使うと、経費がかかりそうそう簡単に変更できない　等……

　インターネットでファイルの効果的なインデックスの使い方をいろいろ調べても、なかなかいい案が見つかりませんでした。

　試行錯誤しているときにとても参考になったのが、財務部の決算資料のファイリングの仕方でした。財務部には決算に関する会社の資料がすべて、さみだれに集まってきます。また決算に関する資料なので、いろいろな担当者がファイルから資料を抜いたり、返却したりします。それでもきちんと管理できるようになっていました。

　感銘を受けたインデックスの使い方は、次の3点です。

・どんな書類が来てもよいようにインデックスのタイトルは大括り
　にし、いろいろな資料をはさむ「受け皿となるファイル」(この
　1冊になんでもはさめるファイル)として用意していること
・分類する資料と資料の間には少し厚手の紙を仕切りとして使用
　し、それにインデックスを貼っていること
・市販の紙のインデックスを使い、タイトルが変われば切り取って
　簡単に付け替えられるようにしていること

　特にいろいろな人が資料を抜いたり、返却したりしても、きちんとファイルされていることがポイントでした。

　こういった優れた成功事例をまねることを、私は「ベストプラクティスをまねる」と呼んでいます。この方法については後述します。

◎インデックスの例

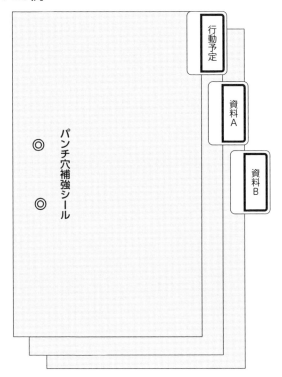

<つくり方>
書類やインデックス・タイトルが頻繁に変わっても対応できるよう受け皿となるファイルを作成します。
①少し厚手の色紙を必要枚数用意します。 ②インデックスにタイトルを手書きで記入します。 ③インデックスをずらして貼り付けます。 ④2穴パンチで穴を開け、パンチ穴補強シールを貼りファイルします。 →これで受け皿となるファイルが完成です。受け皿があるのがポイントです。資料がなくても空にしておきます。いつかくる可能性があるからです。
<修正の仕方>
インデックスのタイトルが変わったら古いインデックスをはさみで切り落とし新しいインデックスを貼ります。 仕切りの色紙は何回も使え、タイトルは簡単に修正できます。

課題３：全員のタスクをどう把握し、管理するか？

解決策：全員で「週間マストドゥ」を活用する

　本章の冒頭にかかげた３つのテーマのうち「②仕事の抜け漏れをなくして、仕事の納期はきちんと守る」についての事例です。チームの仕事を管理する上で支障になるのが「期日通りできない」ということではないでしょうか？　任せた仕事が約束の日までにできていない、その報告が遅れ、当日になって残業する……それを防ぐためには、「ホウレンソウ（報告・連絡・相談）」がしやすい職場にしなければいけない。ついては上司はいつでも話を聞く姿勢で……などと言われますが、私からするとそんなことでは仕事の納期管理はできないと断言できます。

　部下からの相談を待っているようでは、リーダーとして失格です。チームの仕事を円滑に進め、期限通りに仕上げるには、しなければならないことをいかにきちんと管理するか、これに尽きます。つまり、必要なのは「しなければならないこと」の管理なのです。

　以降、「しなければならないこと」を「マストドゥ」と呼びます。

　一般的には、ToDoとタスクという言葉がよく使われます。

　ToDoは、「いつかすべきこと」で明確な期限が設けられていないものを指します。対してタスクとは、「特定の期限までにやるべきこと」を意味します。しかし、英語の苦手な日本人にとってはほとんどなじみのない言葉です。タスクという言葉をどこで学んだか記憶にもないと思います。あるいは言葉すら知らないかもしれません。日本人でタスクの正しい意味を理解している人は非常に少ないと言えます。事前にタスクとは「特定の期限までにやるべきこと」だと教育する必要があります。

しかし教育してもいつか忘れてしまいます。

　業務改善では、誰でも簡単にできることを大前提にしています。事前に教育が必要なわかりにくい言葉は極力排除します。そこで、わかりにくいタスクの代わりに使っているのが、中学校の英語で学んだMustとDoを組み合わせた「Must Do」です。ほとんどの人が知っています。日本語で「しなければならないこと」と言えば11文字で、言うのに長く時間がかかりますが「マストドゥ」は５文字です。何よりも１度聞けば相手が意味をきちんとわかります。

●マストドゥをどう管理するか

　マストドゥの管理の仕方は書類の管理同様、人によって千差万別です。

　手帳に書いたり、付箋に書いたり、スマホに登録したり……。

　共通して言えるのは、「人は何かに書いておかないと、忘れることがある」ということです。必ず何かに記録しておく必要があります。

　個人プレーなら個人の責任ですが、チームの場合はチームに責任があります。チームの全員が抱えているマストドゥをチームとしてきちんと管理する必要があります。

　つまり、チーム全員の仕事を集約→整理→見える化して全員で共有すべきです。

　市販のタスク管理をするフォーマットはいろいろ販売されていますが、システム手帳用だと、我々の「ワークファイル（Ａ４）」には向いていないので使えません。そこで自分たちで実際に試行錯誤してできあがったのが、次のフォーマットです。

◎週間マストドゥのフォーマット見本

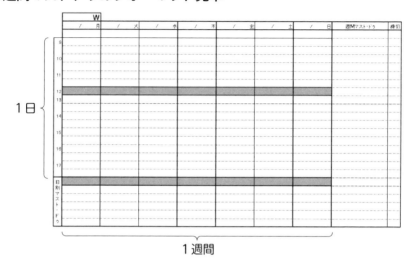

上記が週間マストドゥのフォーマット（Ａ４横サイズ）です。非常にシンプルですが、その時間に何をするかというタイムスケジュールが書け、その日のマストドゥ（日別マストドゥ）もその週のマストドゥも一目でわかります。

その週の週間マストドゥはワークファイルの一番上にして、すぐメモするために開いてデスクに置いておきます。何か気がついたらすぐ書き込みます。一時的に手帳や付箋に書いておいたマストドゥも週間マストドゥに転記し、すべてのマストドゥをまとめておきます。これを見ればすべてのマストドゥが簡単にわかります。また、日付欄が空白なので何枚か重ねてファイルしておけば、翌週以降の予定もどんどん書き込めます。日付が手書きなので祝日を忘れることもあったので、新しいシートを加えるとき祝日には旗マークを入れていました。

また、業務時間中はワークファイルをデスクに出しておくため、本人の離席時でもファイルの１ページ目の週間マストドゥを見れば、誰でも仕事の状況や空き時間が簡単に確認できました。情報の共有化が簡単にでき、とても便利でした（ただ個人のプライバシーに関わるものでもあ

るため、無理に見るということはしません）。

　時間欄が9時から18時までなのは、残業は絶対にしないようにチームで助けあって仕事をするという決意のあらわれでした

◎週間マストドゥの使い方見本記入例

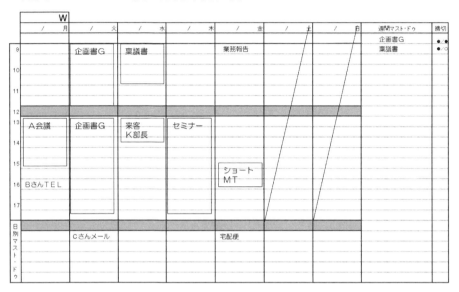

　この週間マストドゥのフォーマットはマストドゥが簡単に管理でき、とても便利でした。部署がいろいろ替わっても、退任するまで会社で何十年も使い続けたのが便利さの証拠です。

●業務単位のマストドゥは？

　忘れてはならないのが業務単位のマストドゥです。新しい仕事をするときは、必ずマストドゥを作成しました。

　次ページは、セミナー開催のマストドゥ（しなければならないこと）の一覧表を作成した事例です。パソコンが導入されて以降はマインドマップを使って管理しました。マインドマップの手書きもできますが、パソコンを使ったやり方がおすすめです。

◎業務単位のマストドゥ（イメージ）

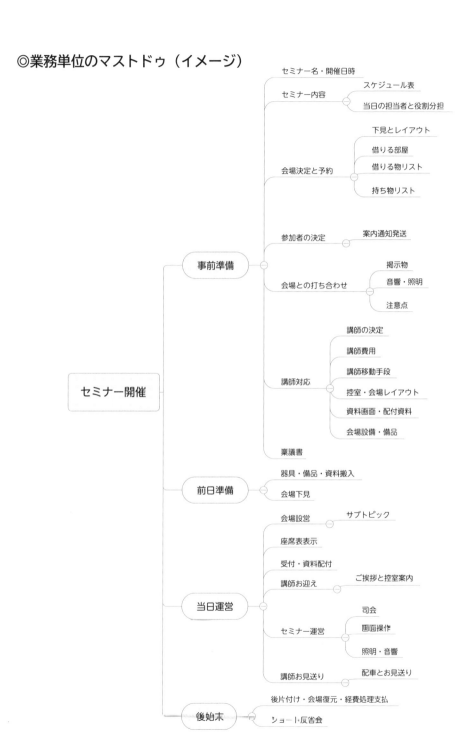

セミナー開催

事前準備
- セミナー内容
  - セミナー名・開催日時
  - スケジュール表
  - 当日の担当者と役割分担
- 会場決定と予約
  - 下見とレイアウト
  - 借りる部屋
  - 借りる物リスト
  - 持ち物リスト
- 参加者の決定
  - 案内通知発送
- 会場との打ち合わせ
  - 掲示物
  - 音響・照明
  - 注意点
- 講師対応
  - 講師の決定
  - 講師費用
  - 講師移動手段
  - 控室・会場レイアウト
  - 資料画面・配付資料
  - 会場設備・備品
- 稟議書

前日準備
- 器具・備品・資料搬入
- 会場下見

当日運営
- 会場設営
  - サブトピック
- 座席表表示
- 受付・資料配付
- 講師お迎え
  - ご挨拶と控室案内
- セミナー運営
  - 司会
  - 画面操作
  - 照明・音響
- 講師お見送り
  - 配車とお見送り

後始末
- 後片付け・会場復元・経費処理支払
- ショート反省会

　パソコンのソフトを使ってつくるマインドマップはトピックの入れ替えがドラッグして簡単にできます。また文章の追加・削除も簡単にできます。常に1枚になるのでレイアウトも考える必要がありません。資料作成が非常に簡単にできます。

　この表をワード、エクセル、パワーポイントでつくろうとしたら膨大な労力がかかります。私はマインドマップを利用してもう数十年もマストドゥの管理をしています。抜け漏れもなく、簡単でとても便利です。マインドマップについてはのちほどご説明いたします。

課題4：個人プレーではなくチームプレーをするには？

解決策：全員でアクションプランを使い、役割分担を明確にする

　本章冒頭の「テーマ③チームプレーで仕事をして、残業しないで毎日定時に退社する」の事例です。全員の役割分担を明確にするのはリーダーの役割です。

　ところが実務の場面では、誰が、いつまでに、何をするか、はあまり共有化されていません。多くの場合、リーダーが「○○さん、お願いします」と口頭で、それぞれの仕事を指示しています。

　その結果、仕事の割振りを知っているのはリーダーだけになります。当然、他のメンバーは誰が何をいつまでにするのか、まったくわかりません。

　この段階からリーダーとそれぞれのメンバーの1対1の関係ができあがり、個人プレーになり、チームプレーができなくなります。

　チームプレーをする場合には、誰が、何を、いつまでにするかというアクションプランがチーム内で共有化されていることが大前提になります。そして、アクションプランを作成するのもリーダーの仕事です。

　定期的にアクションプランを活用し、チーム全体の仕事の進捗状況を確認する必要があります。

　ちなみに、締切の設定も重要です。

　当然のことですが、締切を早目に設定する習慣をつけておくと余裕が生まれます。

例) 月曜日の会議の資料の提出 → 月曜日の朝 ×
                           → 金曜日   ○

　また、長期間の準備を必要とするタスクのゴールは、余裕をもって締切の1週間前にします。こうしておけば、突発的な事態が発生しても充分対応できます。各タスクについては週間のミーティングで進捗を確認し、遅れているところは応援します。

●アクションプランで業務報告書の欠点を補う

　メンバーからの業務報告書を使用し、進捗確認のミーティングを開催することはよくあります。しかしこの場合、業務報告書の記載の仕方はメンバー任せになってしまいます。また人間は都合のよいことは記載しやすいですが、都合の悪いことは記載しにくいものです。このため業務報告書だけでは情報の抜け漏れが発生するリスクがあります。

　これを防止するのもアクションプランの役割です。

　アクションプランをつくるのは必ずリーダーです。リーダーはアクションプランを作成し、何を、誰が、いつまでにするか明確にします。

◎アクションプラン例

分類	(何を) 項目	(誰が) 担当	(いつまでに) 締切
入社式開催	式次第作成	Aさん	3/10
	会場レイアウト作成	Bさん	3/10
	招待状発送	Bさん	3/15
	資料作成	Cさん	3/15

アクションプラン(実行計画)は、誰が、何を、いつまでにするか、を明確にしたフォーマットです。人と組織を動かす大事な基本ツールです。

そのうえで、定期的に個別の進捗状況を確認します。アクションプランを使用すると先手で進捗が確認でき、抜け漏れが防止できます。

　「アクションプランを作成するのは必ずリーダーの仕事」と前述しました。これがとても重要で、リーダーがアクションプランをつくり、メンバーに共有することが基本です。私はメンバーに仕事を指示するときは、必ず、メモに書いて渡すようにしていました。昔、口頭で指示して痛い目にあった反省からです。人間は忘れることも多いので、それを防止するためです。メモで渡せばひと手間増えますが、忘れることはある程度防止できます。

◎アクションプランと業務報告書のちがい

	アクションプラン	業務報告書
作成者	リーダー	メンバー
目的	チームの人と組織を円滑に動かします	メンバーの業務の進捗管理をします
記載項目	マストドゥ（しなければならないこと）は抜け漏れなく記載し、誰が、何を、いつまでに実行するか明確にします	記載内容はメンバー任せになります
留意点	必ずリーダーが作成します	都合のよいことは記載しやすいですが、都合の悪いことは記載しにくいものです。このため報告の抜け漏れが発生するリスクがあります
進捗管理	定期的に個別の進捗状況を確認します	抜け漏れが発生し進捗管理しにくい

● 長い期間のアクションプラン、短い期間のアクションプラン

　アクションプランにはさまざまな種類があり、半期計画を落とし込んだ長期スパンのアクションプランもありますし、1日と言わず、数時間

◎半期アクションプランの例

×△○○

マスト・ドゥ	内容	担当	期限	進捗	2月	3月	4月	5月	6月	7月
方針	方針案作成	柴田	3/25			実行施策作成				
	方針確認会議	高橋	3/29			方針確認会				
業務改善	教育研修会	松平	上期		知的生産性の向上教育					
	予定案作成	片山	上期			行動予定と巡回指導内容の見える化				
	運用ルール作成	高野	上期			シフト運用ルールの徹底				
採用・教育	会社説明会	松平	2/27		会社説明					
	入社式準備	高野	3/26			入社式				
	…	…	3/26			新入社員教育				
	…	…	3/28		募集要項					
	…	…	3/28			採用計画				
	…	…	5/31			会場予約				
	…	…	6/30					実習		

の会議などのアクションプランもあります。

　「こんな業務を行なうときは必ずつくれ」という類のものではありませんが、チームが協力して行なわなければならないが、情報共有がしにくくリーダーとの1対1関係に陥りやすいものに関しては、積極的にアクションプランをつくることをおすすめします。

　上記の表は業務ごとの半期アクションプランです。チーム単位や・課題単位・個人単位で作成します。マストドゥごとに内容、担当者、期限、主な行程を記載します。半期の業務遂行の設計図にあたるとても重要なものです。チーム内で共有化・確認し全体の整合性を取ります。この場合は、月次単位で進捗状況を確認します。

◎会議後のアクションプランの例

分類		項目	情報・確認	方向性・結論・アクション	誰が	期限
WEB会議	1	セミナーの結果	参加率が低い			
	2	なぜ参加率が低いのか	周知徹底ができていなかった			
			会議で得られるベネフィットが説明できていなかった			
			WEBの接続が難しい人もいた			
	3	次回の課題	周知期間の延長			
			会議の役割、得られるベネフィットを各部署に説明			
次回企画作成	4	新規取り組み	ポケットWi-Fiやノートパソコンなどの貸し出し			

前ページの表は会議後のアクションプランです。会議の結果をまとめるのによく使用します。会議の議事内容、結論、課題や次の方向性、次のアクションを明確にし、誰がいつまでに何を実施するか明確にします。

　チーム・プレーで仕事できるようにするためのはじめの一歩は、マストドゥ（しなければならないこと）やアクションプラン（誰が、何を、いつまでにするか）を共有することです。

◎チームプレーで仕事ができるようになる

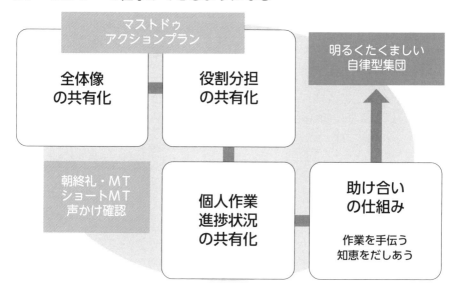

　私は毎週のミーティングの中で「今週のマストドゥ」として、連絡事項とアクションプランをマインドマップで作成し、進捗状況について報告確認していました。

　ここまで読んで、私が非常にネチネチと細かいことを言うタイプではないかと感じた方もいるかもしれませんが、そうではありません。

　何人も参加するミーティングで、いちいち仕事の役割分担を「何を、誰が、いつまでに」と口頭で説明していたら、いくら時間があってもたりません。聞くほうも嫌になります。それこそ小言ばかり言ってメンバ

ーから嫌われる"小言幸兵衛"になってしまいます。また口頭で指示すると大事な情報が抜けたり、お互いに忘れてしまうリスクもあります。

　それを防ぐためのアクションプランであり、マストドゥなのです。

　アクションプランを見てもらえば、自分の役割は何か一瞬でわかってもらえます。疑問点があればその場で相互に確認します。多くのメンバーに情報を正しく早く伝達し、仕事を円滑に推進するためにアクションプランを活用していました。口頭の指示をやめて、メンバー全員で共有するのが目的です。つくるのはめんどくさいですが、情報の到達度は抜群です。

●アクションプラン作成時のポイントは？

　アクションプランを作成するときのポイントは、つねに「何を、誰が、いつまでに」の3点セットにすることです。新人に指示をするときはフォロー役に先輩社員をいれておきました。これをメンバー全員で共有しているので、メンバー間でのフォロー体制や応援体制を非常に組みやすいメリットもありました。

　マストドゥとアクションプラン、この2つが共有されてはじめてチームプレーができます。マストドゥを管理し、アクションプランを作成するのはリーダーのとても重要な仕事です。定期的にアクションプランを活用し、チーム全体の仕事の進捗状況を確認する必要があります。

課題5：書類をつくるのに時間がかかる
解決策：全員でマインドマップを使いこなす

　資料を作成するツールとして、多くの人がワード、エクセル、パワーポイントのようなツールを活用されていると思います。データの打ち込みや文章の位置を変更するための切り取り、貼り付け、行挿入、行削除、レイアウトを変更するための移動、拡大、縮小などにかなりの時間がかかっていませんか？

　この資料づくりの時間を短縮できれば、業務効率はかなりアップするはずです。

　ちなみに、多くの人が次のような手順で資料をつくっているはずです。

【資料をつくるときの一般的な手順】

1．必要な情報の洗い出し

　情報の洗い出しを始めると、文章を構成するための基本の章、節、項と無関係にいろいろな情報や言葉が浮かんできます。それを忘れないようにするためにどこかにメモ的に情報を文章にして書いておく必要があります。

2．抜け漏れがないかチェックし、不足分は再度洗い出し

3．洗い出した情報を文章構成するための基本の章、節、項の単位ごとに分類しまとめる

4．最後に基本の章、節、項の単位ごとに記載の順番を決め、文章
　　化する

　このように整理してみると、4の文章化に時間がかかっているという
よりは「1．必要な情報の洗い出し」〜「3．基本の章、節、項に情報
を整理・分類する」に時間がかかっていることがわかります。
　しかもワード、エクセル、パワーポイントを使ってデータの登録・切
り取り、貼り付け、行挿入、行削除・レイアウト変更などをすると、か
なりの時間がかかってしまいます。
　これを一気に短縮できるとても便利なすぐれものツールが「マインド
マップ」です。

●実は便利な「マインドマップ」

　マインドマップについて、ご存じない方も、ご存じの方もいると思い
ますが、多くの方が「アイデアを出す人が使う特別な発想法ツール」だ
と思われているのではないでしょうか。
　確かにそれも一理あり、マインドマップとはトニー・ブザン氏が提唱
する思考法で、頭の中で考えていることを描き出し、記憶の整理や発想
をしやすくする手法だと言われています。
　こうなると私たちの実務とはかけ離れた創造型の仕事をする人たちや
芸術家の人たちの特別な技法なのかもしれないと思ってしまいます。マ
インドマップをネット検索して具体的な事例を見てみても芸術的な見栄
えのするカラフルなマインドマップが多く、実務的で地味なものはほと
んど検索結果に上がってきません。だからこのような誤解が生まれてく
るのかもしれません。
　しかし、マインドマップを実務で使ってみると誰でも簡単に使える超
すぐれものだとすぐわかります。頭の中で考えていることを簡単に洗い
出し、書類作成時間が大幅に短縮されることにビックリするはずです。

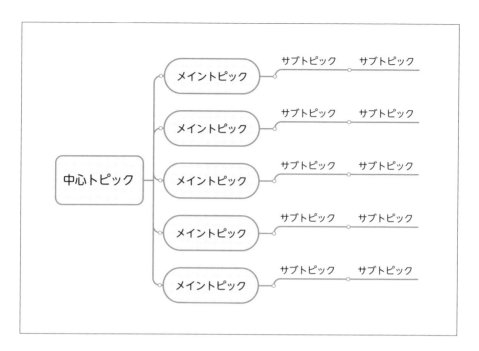

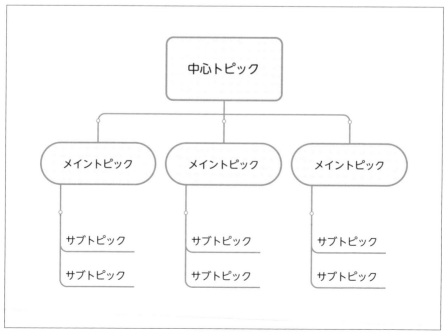

　新しい仕事に入るときは、何をどう進めたらいいか、何かモヤモヤしています。気になることやしなければならないことなどいろいろ、頭の中に浮かび混沌としています。

　その、「頭の中の気になっていること」を、簡単に文章にしてアウトプットできるのがマインドマップです。

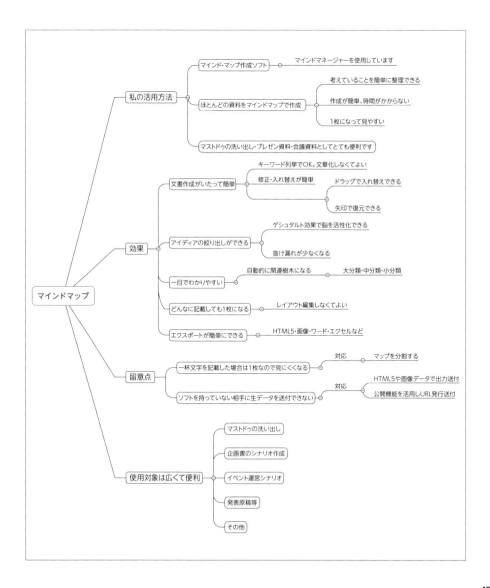

私はマインドマップの作成に、「マインドマネージャー」というソフトを使用しています。文章をドラッグすれば文章の入れ替えが簡単にできます。

　文章の入れ替えに要していた修正時間やレイアウト作成に費やしていた時間が単語入力時間だけに削減され、簡単に作成できるのです。

　まずはマインドマップで頭の中で考えていることを洗い出します。

　マインドマップでマストドゥ（しなければならないこと）を整理してから仕事に取りかかります。これが仕事を始めるときの第一歩です。

●マインドマップのメリット

　マインドマップのメリットには次のようなものがあります。

1．文書作成がいたって簡単にできる

　トピックの入れ替えはドラッグで簡単にできる。このため、文章やレイアウトの入れ替えが簡単にできる。

2．文章がすぐ思いつかない場合も、空白のトピックを置いておける

　後で案を絞り出し追加する。

3．自動で大・中・小の関連がある樹木図になるので見やすいレイアウトになる

4．どんなに記載しても自動で１枚になる

　レイアウトを考える必要はなく、文章作成がとても早くできる。

　また、マインドマップのソフトを持っている人同士なら、マインドマップをデータで共有できます。ソフトを持っていない人にマインドマップを送付する場合はHTML5や画像データに出力して送付します。

● 実務で使えるマインドマップの基本デザイン

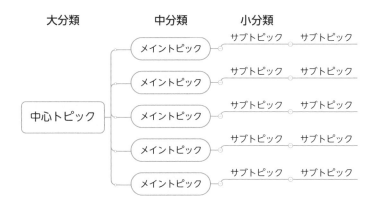

◎ 右マップの関連樹木のつくり方

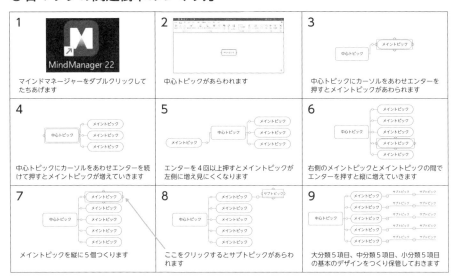

1	2	3
マインドマネージャーをダブルクリックしてたちあげます	中心トピックがあらわれます	中心トピックにカーソルをあわせエンターを押すとメイントピックがあらわれます
4	5	6
中心トピックにカーソルをあわせエンターを続けて押すとメイントピックが増えていきます	エンターを4回以上押すとメイントピックが左側に増え見えにくくなります	右側のメイントピックとメイントピックの間でエンターを押すと縦に増えていきます
7	8	9
メイントピックを縦に5個つくります	ここをクリックするとサブトピックがあらわれます	大分類5項目、中分類5項目、小分類5項目の基本のデザインをつくり保管しておきます

マインドマップは、大分類5項目、中分類5項目、小分類5項目の基本形を利用して、単語で穴をうめていく方法で作成することをおすすめします。
すぐに入力できないトピックは削除しないで残しておき、後から考えてアイデアを絞り出します。

実務ではどんどん右側に展開されていく、右マップの関連図が見やすくおすすめです。人間は左側から右側へ文字を見ることに慣れているからです。また、簡単に作成でき、そのまま資料として使えるのもメリットです。

●マインドマネージャーはほかの形式にするのも簡単

　マインドマネージャーはマインドマップを作成するのにとても向いていますが、さらにすごい機能があります。それはワード、エクセル、パワーポイントなどほかの形式にするのも簡単にできるということです。次の図はセミナー開催のマインド・マップをワードにエクスポートしたものです。ワードでは自動的に章節項に附番されているのがわかります

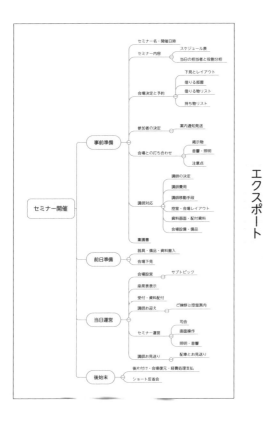

エクスポート

か？　必要があれば行間に説明文を挿入することが簡単にできます。とても便利です。またデータをコピーすれば簡単にエクセル、パワーポイントに貼り付けることができます。

◎マインドマップとワードの比較（左ページの例による）

	マインドマップ	ワード
枚数	1枚	2枚
見やすさ	大項目すべてを見てから中項目 中項目すべてを見てから小項目 最後に小項目が確認できるので全体像を把握しやすい	常に大項目・中項目・小項目で繰り返し表示されるので全体像がわかりにくい
判断のしやすさ	判断しやすい	全体像が判断しにくい
修正の仕方	ドラッグによる入れ替えで簡単	手間がかかる
評価	◎	△

　マインドマップは必要があれば行間に説明文を簡単に挿入することもできます。とても便利です。

◎おすすめマインドマップソフト
・MindManager® Professional（マインドマネージャー・プロフェッショナル）
・MindManager® Enterprise（マインドマネージャー・エンタープライズ）※法人向け

　一定期間無料でお試しできるサービスもあるようですのでぜひ使ってみてください。無料トライアルは下記QRコード、あるいは、マインドマネージャーの製品HPのＵＲＬから参加できます。

https://www.mindmanager.com/jp/pages/myfreetrial/

以上、ここまでで紹介したのが、仕事をするときにとても役に立つ便利なツール４点セットです。

　業務改善チームが発足した当時、「仕事の抜け漏れをなくして、仕事の納期はきちんと守ろう」「チームとして全員が知的生産性の高い仕事をするにはどうしたらいいか」が、私たちの課題でもありました。しかし知的生産性と言えば言うほどなんだか難しく、何をどうしたらいいのかわからなくなってしまいます。
　また、当時の業務改善チームでは難しい言葉を使うのは厳禁で、誰でも簡単にわかる言葉を使おうというのが合言葉になっていました。そこで「知的生産性の向上」ではなく、「仕事をするときに役に立つ便利なツールを開発しよう」と課題をかかげました。
　知的生産性は会社の立場やリーダーから見たときに使う言葉、使う立場の人から見ると、仕事をするときに役に立つ便利なツールになります。

　仕事の流れを整理してみると、「しなければならない仕事」は何で、誰が、何を、いつまでにするかという「役割分担」はこうで、成果物の資料は保管という流れになります。仕事の抜け漏れがないようにするには、全員分きちんとマネジメントする必要があります。個人の好き勝手なやり方ではチーム全体の管理ができません。また管理が得意な人、不得意な人が出てバラツキが生まれてしまいます。その結果、チームの仕事の結果にもバラツキが生まれてしまいます。これを防ぐために、仕事をするときに役に立つ便利なツール４点セットはとても効果がありました。
　ワークファイルは仕事の書類を１冊で管理できます。書類は30秒以内に取り出せます。繰り返しになりますが、仕事場でも１冊、会議に出るときも１冊、外出するときも１冊！　チーム全員いつもこれ１冊！

で、とても便利でした。

　マストドゥはしなければならない仕事の一覧表です。取りまとめたものがチームの「しなければならない仕事」になります。全体を俯瞰すれば仕事の抜け漏れがなくなります。週間マストドゥはいつも全員デスクの上、全員がいつもメモできます。

　アクションプランは、誰が、何を、いつまでにするか「役割分担」を明文化したものです。まさしく人と組織を動かす実行計画書です。週間業務報告書と合わせて進捗管理します。そうすることで、全員でチームプレーができるようになります。

　そして、マインドマップは資料を簡単に作成できる超すぐれものです。ものすごく早く書類を作成することができます。ぜひ使ってみてください。そして、この時間の短縮効果をぜひ味わってみてください。

課題6：仕事はきちんとして全員定時に退社しよう

問題解決：チームプレーで仕事をできるようになる

　業務改善チームにとっては、「残業」はとても重要なテーマでした。現場の残業問題をどう改善するのかがとても重要な問題だったからです。業務改善を推進するにふさわしいチームと言われるように、まずは自分たちが「仕事はきちんとして全員定時に退社しよう」、「苦労して努力してやるのではなく、誰でも簡単にできるようにしよう」というスローガンをかかげました。

　残業問題には、リーダーの方針やマネジメントスタイルがかなり影響します。仕事を重視するあまり残業を軽視する人、残業に非常にうるさい人、放任の人、リーダーによって千差万別です。また職場のメンバーの意識や人間関係も考慮する必要があります。職場のメンバーの協調関係やライバル関係、仲がいい人や苦手な人などなどさまざまです。

　この問題をミーティングで喧々諤々（けんけんがくがく）議論したときに出てきたのは「誰かが忙しいときは、個人プレーをやめてチームプレーで助けあおうよ」という意見でした。

　また、「急に言われても困るから、事前にミーティングのときに言おうよ」という意見も出ました。

　そこでやり始めたのが「誰かが忙しい緊急時はチームプレーで応援しよう」という仕組みづくりでした。いつものごとく、「まずはやってみて、まずかったら改善しよう」ということでスタートしました。

　まず、残業が発生するケースを洗い出すことにしました。

　残業が多く発生するケースは、「仕事は個人個人で担当しているので、自分しかその仕事をできる者がいない」場合に多く発生します。根っこの問題は自分しかできないという個人プレーにあります。

　つまり、残業問題の解決のためにはチームプレーで仕事をすることがとても重要です。ただすぐできるものではありません。必要最低限の環境の整備が不可欠です。

　まずチームの仕事・全員の仕事を共有してチームで仕事をする体制づくりをします。具体的には、マストドゥやアクションプランで全体像と役割分担を共有します。メンバー全員が誰が、何を、いつまでにするかを共有していることが大事です。

　朝礼、終礼やミーティングで各自の進捗状況を確認し、応援体制が必要かどうか確認します。必要に応じて、作業を手伝ったり、知恵を出しあったりします。

　毎週の会議の中で、何か手伝ってもらいたいものはないか、みんなの知恵を借りたいものはないか、いつも確認していました。

◎個人プレーからチームプレーに組織を変える
① 　チームの仕事、個人の仕事を見える化して共有する
② 　マストドゥやアクションプランで全体像と役割分担を共有する
③ 　朝礼、終礼、ミーティングで細かく進捗状況を確認。必要に応じて作業を手伝ったり知恵を出しあったりする
④ 　毎週の会議で各人にヘルプが必要かどうか確認する

　仕事には繁閑の波があります。人手がほしいときに１人で頑張るのではなくチームで頑張ろうという意識づくりも大切です。

　忙しいときは全員の早め早めの応援体制で残業しないで乗り切りました。チームの方向性や個人の進捗状況が全員で共有でき、チームでアクションできる効果がとても大きかったと言えます。仕組みがないチーム

発足当初の頃は意地でやり通しましたが、仕組みができてからは非常に簡単に回るようになり、全員毎日定時に退社でき、とても効果がありました。

　このような仕組みができると、自ら助けあい、行動する明るくたくましい自律型集団をつくることができます。

◎チームプレーの仕組みで組織が自律型に変わる（P.40再掲）

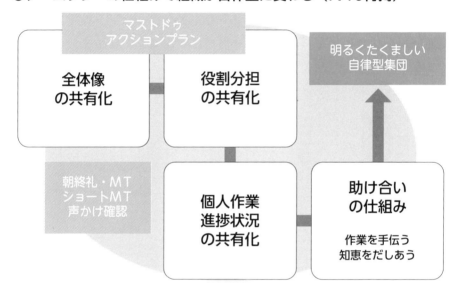

テーマ
②-2

課題7：企画で悩んで「何もできない時間」が生まれる

解決策：息抜きをかねたショートミーティングで「仕事で行き詰まった問題」を解決

　仕事の中で何か企画を立てるのはとても大変で、いつも悩むものです。

　選択肢が多岐にわたるうえに、さまざまな条件があって、いろいろな受け止め方をする人たちもいて、悩むことだらけです。

　企画はいい？　普通？　悪い？　ものたりない？　というような評価が気になったり、何か抜けていない？　間違っていない？　という不安も常にあるでしょう。あれこれ考えているうちに締切が守れず、「納期を守れなくなることも……。

　また、リーダーとしての問題は、「企画を考える時間が長引くことによる長時間勤務」もあります。定時に帰らないといけないのに、企画書も書いてもらわないといけない。でもどうも彼、手が止まっていてずっと考えているみたい……ということはままあります。

　そういう「仕事で行き詰まった問題」を少しでも削減するため、提案したのが「ショートミーティング」の導入でした。1人で悩むのはやめよう！　みんなで知恵を出そうという意図です。

　15時以降のちょっと疲れかかった時刻に、15〜30分程度の短い時間で、仕事で困っていること、悩んでいることを相談しあうのです。

　その場ではみんなで意見や知恵を出し、手伝い、応援します。

　いろいろな視点からのアドバイスはありがたいものですし、何よりチームの仲間からの応援はとても心強いものです。

　ポイントは、みんなが一息つきたい、集まりやすい時間帯に設定する

こと。コーヒーなど飲みながら、ざっくばらんに意見交換するよう心が
けることです。

　メール発送などの肉体的なお手伝いは、チーム内でよくすると思いま
す。それもありがたいのですが、企画など、頭脳労働でも頼れる、手伝
ってもらえるという環境づくりは、精神面でもチームづくりの面でもと
ても効果があります。「何かあっても仲間がフォローしてくれる」とい
う安心感は、いまで言うところの心理的安全性を高める役割も果たすか
らです。

　私もしょっちゅうショートミーティングで相談をしていましたが、リ
ーダーへの日頃の恨み？　からか、メンバーから言葉はやさしいもの
の、言いたい放題、集中砲火をあびていました。

　でも本番でボロボロになるよりは、みんなにもんでもらって納得して
企画を改善したほうがいいので、心が痛んでもありがたかったです。

テーマ
②-3

課題8：デスクが汚い！
解決策「空の○○」をつくっておく

　私が業務改善の指揮をとっていた頃、最初に取りかかったのは「デスクの整理」でした。各人のデスクは、コンプライアンス的にも「終業時には机の上に何も出ていない」状態にするべきです。新入社員研修でそう習った人も多いはずです。しかし、時が経つにつれてデスクの上にいろいろなものが置かれます。両サイドに書類の高い塔をつくる人もいます。

　多くの場合、「あの人は片づけが下手だから」と個人の特性として片づけられますが、業務改善をするにあたっては、そうとばかりも言っていられません。

　業務改善のはじめの一歩は、まず職場の職場を清潔に保つこと（クリンリネス）からです。

　とはいえ、片づけられない人がいる。どうすべきか。

　私は退社するときの職場の状況をつぶさに観察しました。デスクの上にあるのは何か、デスクの下にあるのは何か、椅子の上にあるのは何か。あわせて机のひきだしの中も何があるかチェックしました。出てきた結論が「ゴミの山」でした。

　そこである日、「次のクリンリネスのときにデスク周辺のゴミを捨て、全員デスクの右の上から2段目のひきだしを空にしよう。そして帰るときにはデスクの上にあるものすべてを、その空いたひきだしにしまって帰ろうよ」と提案しました。

　そうすれば、帰宅時にはノートパソコンとワークファイル・書類をそ

のひきだしにつっこんで鍵をしめれば片づけは完了。デスクの上は電話のみ、という状態をつくれます。

　つまり、「乱雑に散らかっているデスクをきれいにして帰ろう」と言うと難しいのですが、「あらかじめ用意されている片づける場所」にモノを移動させるだけなら誰でも簡単にすぐできます。

　全員がデスクの上をきれいにして帰れる仕組みは簡単にできました。

◎デスクの効率的な整え方を仕組み化

デスクの上は
電話だけ！

２段目のひきだし
を空にしておき
帰るときにデスク
の上のものを
片づける

テーマ
③-4

課題9：電話対応する不公平感をなくす

解決策：時間単位で当番を設定する

　最近は、プライベートで固定電話を使う人も減ってきました。そのせいか、オフィスで電話が鳴っていてもなかなか取らない、ということが頻発するようです。

　電話を取るまでに間があく。「私が取るのかな？　誰が取るのかな？」と逡巡する時間もチリも積もれば山。2秒迷うとして、1日30回電話がなれば1分の無駄。1年で270日働くとすれば270分、4時間半の無駄が出ることになります。

　スムーズに電話に出る仕組みをつくるにはどうすればいいのだろう？そう考えて、最初は「電話には3秒以内に出よう」とスローガンのみでスタートしてみました。

　当時の部署は素直な人ばかりだったのでみんなで頑張って取りましたが、そのうち問題点が浮き彫りになりました。

　すごく反応の速いSさん、Kさん、Nさんがいつも電話当番になってしまい、少し反応の遅いOさん、Siさん、Kaさんは出遅れ、かたよりが出てしまったのです。

　「いつも同じ人ばかり電話を取って、その人の業務に皺寄せがくる」という問題を抱える部署は、この現象が起こっているのだと思います。

　一度電話を取ってしまったら、担当者に引き継ぐまではその人が受け答えする必要があります。1回に3分かかるとして、1日に10回電話を取ったとしたら、30分もロスしてしまいます。

　そこで、困ったときのショートミーティングで解決策を募集したとこ

ろ、「当番制」というアイデアが生まれました。ただ、順番を決めても有休を取る日が当番になると面倒です。とても忙しい日に当番になるのも大変です。

　そこで、「小さなぬいぐるみを1時間単位でまわして時間帯別電話当番制にする」という方法を取りました。

　これであれば、その日会社に出勤している人だけで当番を回せ、少し反応の遅い人が当番のときは、かかってきたときに「○○さん電話」と声かけをしてプッシュできます。何より「私が取るべきなのかな？」というイライラとも無縁になります。ぬいぐるみが自分のデスクにいるときだけ、電話を取ることを意識すればよいのです。

　その結果、1日に6～7時間は電話を気にせず、仕事に集中できる時間が生まれました。

　余談ですが、昔、携帯電話がはやりだした頃に困った問題が起きました。携帯電話がなかった昔は家の固定電話を取ることも多かったので、まず最初に名前を名乗り、要件をお伺いするといった、必要な人に引き継ぐための基本的な会話はできていました。しかし携帯電話になってからは、お互いに相手がわかるのでいきなり本題からスタートです。家にかかってきた電話もそうですが、会社にかかってきた電話で基本的な会話ができないと致命的です。

　あわてて新入社員教育に電話応対訓練や基本的な尊敬語・丁寧語・謙譲語などの使い方のカリキュラムを強化した苦い経験があります。

課題10：バックヤードを有効に活用する

解決策：エリア分けし、配置ルールを明文化する

　最後の事例はどの会社にも共通というわけではないのですが、流通や小売、製造業で多い「バックヤード」問題についてです。

　職場には、事務所と倉庫、売場とバックヤードなど、仕事に関するものを保管しておく場所があります。大勢の人が快適に働くためには倉庫やバックヤードを使いやすく、きちんと管理する必要があります。

　特にバックヤードの入口は人間の大動脈にあたる部分で、広くて通りやすくないと動脈硬化を起こし、大勢の仲間に迷惑をかけます。

　しかし「物を置きっぱなしの『ぱなし君』」がときどきいます。

　「ちょっとここに置かせて」と言ってそのまま忘れて置きっぱなし、他の人がいつも荷物や台車をどかして仕事をするひどい職場環境になってしまいます。絶対に「置きっぱなしの『ぱなし君』」を放置してはいけません。

　仕事を安正早楽（安全に、正しく、早く、楽に）にするためには、バックヤード管理のルールを決めて、全員で守る必要があります。

　しかし、置きっぱなしにする人には何か理由があるのですから、ただ単に「置かないで」と言ってもあまり効果はありません。

　どうするか試行錯誤し、次のような5つのルールを設定しました。

　1．定物定位を守る
　2．出入口近辺は、該当エリアの床にテープを貼り、絶対に物を置かないエリアとして明示する

3．バックヤードの使いやすい場所から順に１等地、２等地、３等地、４等地とエリア分けをし、それぞれの場所に何を置くか見直し、配置場所を明確にする。定められた場所に置く
4．重量物はすぐ移動できるようオン・ザ・カートにしておく
5．壁面の棚を立体的に活用する

このポイントは、ただ「置かない」というルール決めをするのではなく、「ここにはこういうものを置いてよい」というエリアごとのルールを明確にしたことです。

「置かざるをえないもの」が発生しているのに「置かない」ルールを決めても無意味です。「置くならここに置く」というルールを決めたほうが、問題は解決しやすいでしょう。

次の表はエリア分けする際のバックヤードの基本の考え方です。

◎バックヤードのエリア分け

順位	置き場所			保管例
１等地	高さ180cm以下	売場から近い	床に置く	売出商品の台車
２等地	高さ180cm以下	売場から遠い		清掃用具の台車
３等地	高さ180cm以上	売場から近い	壁面の棚の上に置く	POPスタンド・包材
４等地	高さ180cm以上	売場から遠い		年末販促資材

業界や業種によって改善策は違うので具体的な事例は割愛します。

また、今回の「バックヤード問題」のように問題が明らかで、解決方法も具体的にある、「作業改善」が必要な場合があります。作業改善の場合は、次のチェックポイントに沿って行なうとよいでしょう。

　このチェックリストに基づいて、できているかどうかを現場で確認します。特に、業務改善を推進する人を育てる場合は、悪さ加減だけでなく、よかった点も探して見抜く訓練を行ないます。よかった点は改善のヒントになります。

◎作業改善のチェックポイント

1. 作業の流れを整備する
2. 作業動線、作業工程を短縮する
3. ツール（道具）を活用する
4. やり方や決め事をマニュアルにする
5. MH(マンアワー /人時)をコントロールする
6. 作業に人をつける
7. ３Ｓ化・単純化・専門化・標準化
8. 作業場やバックヤードを改善する
9. 定物定位管理
10. 効果的な指示の出し方・仕事の受け方

　この表は作業改善をする際のチェックポイントです。
　実際には具体的な項目が書かれた個別のチェックリストを用意し、使用しています。
　このチェックリストに基づいて、できているかどうかを現場で確認します。

業務改善の基本用語を知っておこう

　ここまで、私が経験したいくつかの事例をもとに、業務改善の考え方、方法について説明してきました。本文中で使った言葉もあれば、まだ使っていない、これから登場する言葉もありますが、基本用語を次の表にまとめました。参考にしてください。

◎業務改善の基本用語

1	業務改善 業務改革	業務改善：仕事のプロセスに問題がないことを前提に原因をつぶします。 業務改革：全体の仕事のプロセスから見直し抜本的に改革をします。
2	顧客志向	「マーケット・イン」と「プロダクト・アウト」 一番大事な仕事は「お客様の声をよく聞く」こと。生産者側の立場で、商品やサービスを市場に導入していくことを「プロダクト・アウト」と言います。ともすれば、市場やお客様のニーズからはずれてしまうリスクがあります。これに対して、「マーケット・イン」は市場のニーズやウォンツを取りこんでいきます。お客様に満足を与え、受け入れられる商品やサービスを提供し続けるためには「マーケット・イン」つまり「顧客志向」に徹する必要があります。
	品質第一	品質第一で生産性を高め利益を追求 よくわかっていない人が扱っても安全な仕組み。

3		製造や小売の仕事では、凡ミスやうっかりミスによって、お客様の信頼を失う危険性があります。それを防ぐには品質第一が大切ですが、品質を保つには、いかにミスをなくす仕組みをつくるかが重要です。ミスをなくす手段としては、「フールプルーフ」があります。「よくわかっていない人が扱っても安全な仕組み」のことです。小売業でいえば、期限切れの時刻をＰＯＳレジでチェックし、期限切れ商品の販売を防止したりするのがフールプルーフの１つです。根底には「人間はミスするもの」「人間の注意力は、あてにならないもの」という前提があります。フールプルーフは、凡ミス防止の基本として重要な概念です。
4	後工程はお客様	工程には、前工程・自工程・後工程の３つあります。後工程に喜んでもらえるように仕事を進めます。企業活動は、多数の人間が役割を分担することによって進められています。工程には、自分の前の前工程・自分がやる自工程・自分のあとの後工程の３つがあります。「後工程はお客様」とは、後工程に対して，自分が担当した業務をきちんと処理して、次に受け渡すことを言います。後工程に不便をかけそうなことはきちんと手直しして、後工程に喜んでもらえるように仕事を進めます。
5	PDCAサイクル	管理の基本は、徹底してPDCAサイクルを回すことです。 Plan（計画）目標をたてて、それを実現するための方法を決めます。 Do（実施）目標を実現するために、たてた計画を実施します。 Check（点検）実施が計画通り行なわれているかを点検します。

		Action（改善）計画通りにいっていない部分を調べて改善します。 ４つの頭文字をつなげてPDCAサイクルと言います。業務改善は、このPDCAの管理サイクルを回し続けることが基本となります。
6	事実に基づく管理	「事実に基づく管理」とは、その字義通り、事実を根拠にして管理することです。ファクト・コントロールとも言います。これと反対の言葉に「ＫＫＤ（経験・勘・度胸）」による管理という言葉があります。経験や勘に頼った管理のことです。 ＫＫＤだけでも成果が出る場合もありますが、頼りすぎると間違ったりムダが増えたりします。正しい改善をし続けるためには、事実をデータで定量化し、客観的に判断することが大切です。事実に基づく管理をするためには、３現主義　①現場で　②現物を　③現実に　見ることが非常に重要です。 ①現場で　問題のある現場に行って ②現物を　現物を確認して ③現実に　現実によく観察し、事実をデータ化することによって判断します。
7	プロセス管理	プロセス管理とは、「結果の数値ばかりを追うのではなく、プロセス（仕事のやり方）をきちんと管理し、結果指標を改善するという考え方です。 経営数値には、人件費や利益など結果が出てからわかる結果指標とMHや時間外などのようにプロセスの途中で発生する先行指標があります。 先行指標の積み重ねが、最終的に結果指標となります。先行指標をしっかり管理することによって、結果指標である数値をコントロールすることをプロセス管理と言います。

8	バラツキ管理	原因を究明しバラツキを許された範囲内に抑えこむことをバラツキ管理と言います。結果のデータは必ずある値を中心として、そのまわりにバラつきます。バラつく原因を追究し、許された範囲内に抑え込む必要があります。バラツキ管理をするためには、どの範囲内であれば許されるのかという指標を持つ必要があります。
9	再発防止・歯止め	トラブルは応急対策だけでは不十分で、再発防止対策を取ることによってはじめて本当の意味での対策になります。再発防止とは「二度と同じトラブルが発生しないようにトラブルの原因を分析して再発防止対策を取ること」です。トラブルが発生したことに対する恒久的な対策、トラブル発生に至った仕組みの変更など、抜本的な対策がそれに当たります。
10	標準化	誰がやっても、いつやっても、同じような仕事ができるように、仕事の仕方を統一し、単純化・標準化しておくことが必要です。ムリ・ムダ・ムラが発生しないようにします。この表そのものが、作業改善をする際の標準化のチェックポイントでもあります。

　特に業務改善を推進する人を育てる場合は、「悪さ加減探し」と「よかった点探し」を場数を踏ませて訓練します。悪さ加減だけでなく、よかった点も探して見抜く訓練を行ないます。よかった点は改善のヒントになります。また自社他社だけではなく、どれだけ世の中のベストプラクティスを知っているかも重要です。

効果絶大！ 「人前で発表！」発表用原稿のつくり方

　社会人になると会議で資料を発表したり、人前でスピーチしたりする機会が増えます。この資料作成、発表準備にかかる時間も膨大です。チームで行なうというより個人単位の努力になりますが、私が実践して効果があった改善のコツをご紹介します。

▶パワーポイントでの発表用原稿のつくり方

　パワーポイントで発表用の原稿をつくるとき、どのようにしてつくりますか？

　大半の人のやり方は、「発表用原稿を文章で作成」でしょう。

　メリットは、間違いなく原稿通り発表できることです。しかし、デメリットも数多くあります。

【発表用原稿を文章で作成するデメリット】
×作成にとても時間がかかる
×作成が大変なので、挫折して結局原稿なしで発表にのぞみ、失敗する
×文章の朗読になる場合が多く、棒読みの発表になりがち
×緊張し、読む場所がわからなくなる
×アドリブをいれると、時間管理ができなくなる
×多くの場合、ほかの人の原稿としては使えない

　また、最大のムダとして、作成に時間がかかる割には効果が少ないのも気になるところです。

　では、どうするのがうまいやり方でしょうか？

次の例題で考えてみましょう。

【例題】

　この画面を説明するときの原稿のつくり方を考えてみてください。

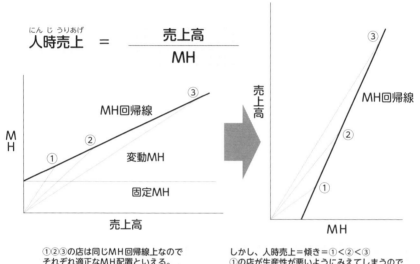

①②③の店は同じMH回帰線上なので
それぞれ適正なMH配置といえる。

しかし、人時売上＝傾き＝①＜②＜③
①の店が生産性が悪いようにみえてしまうので
同じ売上の店舗群で比較しなければならない。

【解答】

　なんだかよくわからない図だと思いましたか？

　でも、「わからない図」でもきちんと原稿を短時間でまとめられる、おすすめのつくり方があるのです。

　まず、話をするシナリオの流れを作成します。

　文章で書く必要はありません。ただ、話の流れを図の上から矢印でつないでいってください。

① **話したいところを丸で囲み、1番目の丸から2番目の丸へというふうに、矢印（→）で発表する箇所を順番につなぎます**

② 追加するコメントを余白に書き入れ矢印→でつなぎます
③ 強調する接続詞を追加します。「ただ欠点は…」「しかし…」など

◎発表用原稿のつくり方見本

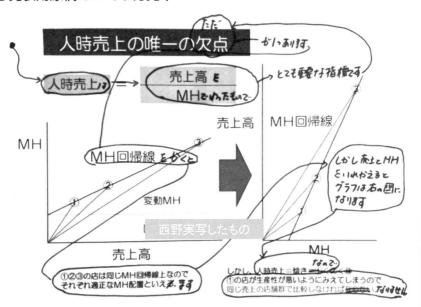

　このとき、あらかじめ笑ってほしいところ、ハッとしてほしいところなども事前に考えて、コメントをいれておくと、より効果的です。

　それというのも、発表でよくないのが「突発的にアドリブをいれ失敗する」ことだからです。会場が静かだからとウケ狙いでいれたつもりが、逆にウケないことが多く、取り返そうとムダなことを話し、どんどん時間がオーバーしていきます。

　そうではなく、話すことは順番を決め、これだけは言いたいというセリフ、ウケ狙いのセリフなどもあらかじめ決めておく。そしてシナリオ以外のことは話さない。こうすれば、時間をオーバーする

ことはありません。

シナリオができあがったら、何回か実際に読み上げて時間を計測し、何分かかるか原稿に書いておきます。

この方法のメリットは次のとおりです。

【メリット】
・作成が簡単
・原稿通り発表できる
・話すストーリーが「見える化」される
・棒読みではないので、感情がこもった発表になる
・緊張してアガっても、次に話すべきことがわかりやすい
・時間を計っておけば、何十回でも同じ時間で発表できる
・余分なアドリブは入れないので発表の時間管理ができる
・他の人の発表原稿としても使いまわせる

プレゼンが成功したらチーム内でノウハウの共有化をしておくと、誰でも同じ内容を同じ時間で何回も説明でき、とても便利です。

※　ちなみに、ここで取り上げているMH回帰線についてはステップ3の「事例：人事売上マネジメントの考え方」で説明します。

資格試験・昇進試験のテキストの効果的な勉強の仕方

　また、個人の時間を意外と取られるのが、いろいろな資格試験や社内の昇格試験の勉強でしょう。特に、テキストがあってそれを読んで覚えるタイプの勉強は苦手な人がとても多いと思います。

　多くの人はこんなふうに勉強していないでしょうか？

よくある勉強のやり方
- ノートに重要な箇所を抜粋
- 重要な箇所を蛍光ペンで塗る
- ノートで問題集をつくる　　　　など

メリット

　上記の勉強法は、たいがいの人がやっている方法なので安心感はあります。しかし時間がかかる割には、効果は定かではない、人による、といった感じです。

デメリット

×ノートを作成するのに時間がかかり、暗記の時間が取れない

×蛍光ペンだらけで大事な箇所がわからなくなりがち

×大事な箇所が多すぎてヤマをかけて覚えることになる

×ヤマをかけた結果、試験に何が出るかわからず結局不安

　要するに、時間がかかる割に、効果が少ないのです。

　では、どのように勉強すると効率がよいのでしょうか？

▶テキストを問題集につくり替える

　おすすめは、「課題のテキストを問題集にしてから問題を解く」という方法です。問題集にする、といってもどうやって？　と思うかもしれませんが、2時間もかからず簡単にできる方法があります。

　まず、これまでやりがちだった「重要な箇所を蛍光ペンで塗る」は間違いです。

　そもそも、試験勉強の場合は問題として出せるかどうかという判断基準があります。たとえ重要な言葉や概念であっても、問題として出せないところを覚えるのは、時間のムダです。

　そうではなく、まずテキストを読んで、穴埋め問題の解答になりそうな言葉を、暗記用のチェックペン（ピンクのマーカーで塗って、上から緑の下敷き状のものを被せると塗った部分の文字が見えなくなるペンです。受験のときに使った人も多いはずです）でマークします。最初に重要な単語からマークしていき、必要であればあとでマークを増やしていきます。

　次に、記述式の問題の解答になりそうなところを、マーカーで囲みましょう。

　そして、記述式の出題文はテキストの該当するページの上段などに手書きで書いておきます。これで問題集の作成は終了です。

　こうしてチェックペンとマーカーでしるしをつけていくと、2つが重なるところが必ずあります。この、重なる箇所が穴埋め問題あるいは記述式問題としても出題できるところ＝重要かつ、試験に出やすいところです。

　穴埋め問題は、正しく回答を書く必要がありますが、記述式の問題の回答は大体で○Kです。2種類の違った覚え方をする必要はありますが、とにかく、マークしたところを覚えるだけなので圧倒的

想定される出題文を余白に書く

マーカー（問題の解答になりそうなもの）

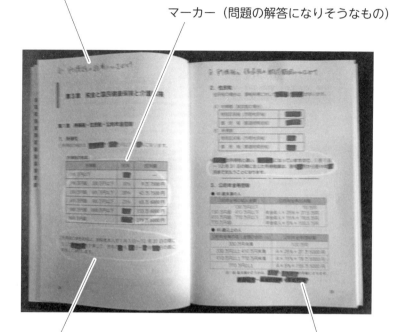

２つのマーカーとチェックペンが重なるところ
＝ 重要で試験に出やすい

暗記用チェックペン
（穴埋め問題の
　解答になり
　そうなもの）

に時間が短縮されます。

　範囲が決まっていて１時間程度の試験だとすれば、テキストにマーカーを引く作業に２時間程度はかかるはずですが、最初に２時間使ってテキストを整えてしまえば、あとは繰り返し問題を解くだけです。通勤時間を利用するのもおすすめです。

　穴埋め問題も記述式問題も、解いてみて間違ったらその箇所にレ点をつけます。蛍光ペンの色が増えていくのではなく、レ点だけが増えていくので、最終的にはレ点の多い箇所を優先的に解きます。

　このコラムの事例は、私が現役時代に部下をはじめ、多くの人に実際に教えて効果があったノウハウです。

　皆さんも学生時代に友達と問題を出しあって勉強した経験があると思います。そのときに「意外と覚えられた」と感じた記憶もあるかもしれません。またテキストの代わりに演習問題集を使用したかもしれません。演習問題集を解くと勉強が進んだと思います。

　それは問題を出されて回答するからです。実は1人で黙々とテキストを読んで、大事なところだけを覚えようとするのは非常に難しいことなのです。

　なぜならば問題が何かわかっていないのに、無理やり答えだけを記憶しようとするからです。問題が何かわかっていないのに答えだけ記憶するのは、とても時間がかかり、うろ覚えになります。

　たとえば、「○○について、大事なポイントを述べよ」という場合と「○○について、手順を述べよ」という問題では回答すべき答えが異なります。この場合に大事なのは、「大事なポイント」と「手順」という問題文に使われている言葉の違いです。

　2つの言葉とも決して大事な言葉とは言えず、読んだときに見逃されることもあります。問題を意識していないと、この区別が全くできません。だから、必ず問題と答えをセットで確認していく必要があるのです。問題をどんどん解いて間違って覚えていくほうが短時間で記憶できます。

業務改善を推進する人が 知っておくべき基本の手順

業務改善を推進するのに、ふさわしいチームと言われるようになる。そのためには、業務改善を推進する人が身につけておくことがあります。しかも、苦労して努力してやるのではなく、誰でも簡単にできるようにすることが最も大切です。「ラクして効果を出す！」が基本です。 その手順を紹介します。

業務改善を推進する人が身につけておくべき３つの柱

　業務改善を推進する人が身につけておくべき「３つの柱がある」と私は考えています。それは次の３つです。

◎業務改善を推進する人が身につけるべき３つの柱

1	ベストプラクティスを知る
2	ムダを見抜いて仕事の知的生産性を高める
3	集団活力を高め、人と組織を動かす

　「３つの柱」のうち、「１．ベストプラクティスを知る」は、そのまま業務改善の基本手順でもあります。「２」「３」は、業務改善の効果を最大限に発揮するために、リーダーが身につけておくことです。順番にご説明します。

柱1-1

業務改善の柱 1
ベストプラクティスを知る

　「ベストプラクティス」とは、実際に活用されて効果が出ている最善の方法、最良の事例のことです。ただ、その「ベストプラクティス」は現時点では最もすぐれた方法ですが永続性はなく、常に変化し進化していきます。

　ちなみに、「はじめに」でも説明しましたが、現状を肯定したまま、改善を進めるのが業務改善です。現状を肯定しているので大きなリスクはありませんが、大きな効果も得られません。

　現状を破壊し、新しいものを創造するのが業務改革です。根本的な改革は大きなリスクをともないますが、新たな世界を切り開くチャンスでもあります。

　つまり業務改善か業務改革かの違いは、現状のままでもいいのか、現状のままではだめなのかという現状認識に大きな差があります。

◎ベストプラクティスを知る

実際に活用され効果が出ている最善の方法、最良の事例

現状を否定して
創造的な改革を
進める業務改革

現状
の姿

ベスト
プラクティス

世の中・社外
社内・匠のわざ

現状を肯定して改善を
進める業務改善

ベストプラクティスを知るには、情報収集が大切です。

それも単純に情報を集めればよいというわけではありません。

「ピンからキリまで」という言葉があります。最上のものから最低のものまでという意味です。つまり、「現状はよしとした上で改善を進める」業務改善を始めるなら、最上のものと比較して、現状の仕組みはどのポジションかということをベンチマークしておく必要があります。足らないものは何か、改善すべきところは何か差異分析をしておく必要があるのです。

◎差異分析でベンチマークする

現在地と最上の状態を
比較して差異分析する

●ベストプラクティスを知るための情報収集の仕方

ベストプラクティスを知るための情報収集の方法としては、次のようなものがあります。

◎情報収集の仕方

① 業界誌・新聞・ネット検索など常にアンテナをはっておく

② 話題の会社の現場やお店を見にいく

③　社内の仕事ができる人にベストプラクティスはないかヒアリングする

④　社外の人に特別にアポイントをとり、教えてもらいにいく

①がいちばん難易度が低く、誰でも挑戦できます。

しかし、これでベストプラクティスを見つけられるかというと、はなはだ疑問です。

②から順に難易度が上がりますが、私は②〜④の方法をおすすめします。

「百聞は一見にしかず」です。私は社内の人、社外の人に関わらず、いろいろな課題を発見するたびに、問題解決のヒントをさまざまな人に、何度も教えてもらいに伺いました。アポイントをとりつけて会っていただいたところ、社外の人でも苦労したこと、うまくいったことなどをとても丁寧に教えてくれました。

これはぜひ学びたいと思ったベストプラクティスについてはいろいろなルートからお願いして、話を聞きにいきました。同業のスーパーにも数多くお伺いしました。同業他社でライバル関係にあったとしても、同じ領域の仕事で悩んでいる仲間を少しでも助けたいという意識が働くのかもしれません。実際に活用して効果が出ている方法や失敗事例など、具体的に教えてもらってとても感謝したことは多々あります。

また仕事ができる人、うまくいっている人の話を聞き、ベストプラクティスを集めることで、たとえ何も知らない分野だとしても、めざすべき業務改善の方向性がハッキリ見えてきます。

●ベストプラクティスを学んだ例

私が話を聞き、学んだ書類管理のベストプラクティスには，次のようなものがあります。

◎普通の会社の書類管理

方法）人事書類・契約書など基本はすべて紙で管理
　　→課題１）複数のキャビネット等で保管し、スペースを取る
　　　課題２）書類を探し出すのに膨大な時間かかる
方法）配付資料はコピーして配付する
　　→課題３）紙代・人手・スペース・リサイクル費用などが膨大に
　　　かかる

◎ペーパーレスでうまくいっている会社

方法）書類・契約書・稟議書などは整理したデータをフォルダに分
　　　けて管理
　　→メリット）必要な書類は検索してすぐ探せる
方法）紙の資料はコピー機でスキャンしてデータで保管し、紙資料
　　　はコピー機の近くのリサイクルボックスへ廃棄
　　→メリット）紙代・人手・スペース・リサイクル費用が大幅削減
　　　できる

◎私が自部署に取り入れたベストプラクティス

・書類を30秒以内に取り出せるワークファイル
・人と組織を動かすマストドゥとアクションプラン
・簡単に書類を作成できるマインドマップ

ベストプラクティスを水平展開する

　社外に話を聞きにいくことから話を始めてしまいましたが、もちろん、社内にもベストプラクティスがあります。

- 大きな声が飛び交う喧噪感のある部署と作業計画表・作業指示書を活用し、静かに淡々と作業している部署
- 段取りをつけないで仕事している部署と段取りをつけて仕事をしている部署
- できばえやスピードが卓越しているパートさんの匠のワザ
- データを駆使して業績をあげる優秀な従業員の知恵　　　　　など

　同じような業務、似たような仕事をしているのに卓越した成果を出す社内の部署というのは、非常に貴重な存在です。そういった意味で、社外のベストプラクティスも大切ですが、社内のベストプラクティスもとても重要です。

　社内の人は社外の人より話を聞きやすいはずですので、ぜひ、業務改善の担当者がヒアリングをして、そのコツを聞き出しましょう。それを全部署で行なえるように、次のような方法が可能かどうか考えてみてください。

- 作業割当表でベストプラクティスを標準化する
- マニュアルでベストプラクティスを標準化する
- データを駆使して業績をあげる知恵はシステム化する

「あの人だからできる！」と傍観するのではなく、よいものは水平展開する！　と考えることが大事です。

●約30年間探し続けた2つのベストプラクティス

　私がスーパーマーケットに勤めていたとき、約30年間、2つのベストプラクティスを探し続けました。

　1つは、「手作業でやっている作業割当を自動でできるようにできないか」、もう1つは「人件費を予算内におさめるにはどうしたらいいか」という課題でした。

　作業割当については、レジのRE基準（レジ要員1人で1時間当たり何人のお客様に対応できるかという指標）を利用した手作業での作業割当表の作成は、1990年代になんとか全店でできるようにしました。ただ、次の2つの大きな課題が残っていました。

◎2つの大きな課題

> ・作成するのに45分〜1時間くらいかかる＝とても時間がかかる
> ・つくり方の教育がかなり難しい

　作成の仕方はわかっているのでなんとか自動化したい。しかし自動化できるシステム会社をいろいろ探しても見つかりませんでした。また営業部門の作業割当は現場任せになってしまっていました。

　もう1つの課題、「人件費を予算内におさめるにはどうしたらいいか」も難問でした。

　私が入社して以来、人件費を予算内におさめることはとても難しかったからです。

　スーパーマーケットなので、数十店舗のスーパ　の店長を束ねる販売

部長という役職があり、販売部長は十数人います。その販売部長に私もなったのですが、着任早々、人件費が予算をオーバーしてしまいました。

　人件費管理をしようとしても、それぞれの店長が各店舗の人件費を予算内におさめてくれなければ、必ずオーバーします。店舗によってきちんとやる店長もいれば、営業にはとても熱心だけど人件費管理には無関心な店長もおり、それは個人の資質に委ねられているようにも見え、私の力でどうしたら改善できるかとても悩みました。改善策がわからず、悔しいながら販売部長のときは店長任せになってしまいました。

　何年後かに人事の本部長という、人件費をきちんと管理できるよう指導する立場になりました。「人件費管理は難しい」などと甘えたことを言える立場ではありません。何かヒントはないかと時系列のデータをよく見ていくと、あることに気がつきました。

　ずっと店舗の人件費がオーバーしたままにしている販売部長もいれば、きちんとコントロールしている販売部長もいました。しかも、後者がなんと2割もいたのです。

◎「できる部長」と「できない部長」

彼らには何か秘訣があるのではないか？　そう考えた私は、予算内におさめている販売部長にそのノウハウをヒアリングしました。

　すると、人件費を予算内におさめている販売部長はおおむね「毎日勤務を確定させ、日別に人時売上とMH（仕事を1人ですべて行なったと仮定した場合の作業時間、人時）を管理している」ということがわかりました。他方、人件費がオーバーしている販売部長は、月1回の締め日に1か月分のMHを確定していました。1か月分の累計MHを確定した結果が1か月分の人件費になります。それなのに月1回確定するというやり方だと、「人件費が予算オーバーしているかどうかは締めてみるまでわからない、何もアクションできない」ことになってしまいます。

　問題はMHの集計・分析を手作業でやっていることです。毎日やろうとすると膨大な人手がかかります。すぐ全店で手作業で実施しようということはできませんでしたが、いくつかの対策は打ちました。

　具体的には、勤務確定を月に1回まとめてすると、期間中の正しいMHの推移がわかりません。よって人件費管理もできません。

　勤務管理システムを導入している会社なら、期間累計のMHは見ることはできます（タイムカードで管理している会社はそれもできません）。とはいえ、勤怠管理システムを導入していても、勤務エラーがあると実績を正しく反映しません。

　特に多いのが、IDカードのスキャン忘れやアプリへの接続忘れ、出勤ボタンの押し忘れなど、俗にいう未打刻です。うっかりスキャンし忘れた未打刻、会議や研修に参加して発生した未打刻、急に体調が悪くなり休んでしまった未打刻など理由はさまざまですが、人間がすることなので、どうしても未打刻は発生します。

　未打刻の発生自体は仕方ないのですが、月末まで放置しておく＝「実績を正しく反映していない」ことが積み重なると、MHの管理が難しくなります。

それを修正し、正しく登録するのが勤務確定です。

未打刻が発生するとMHはすでに使われているのに、勤務管理システム上はエラーになりMHは使われていないことになります。その結果、勤務管理システム上の実績MHは予算よりはるかに少ない数値になってしまいます。

そして月1回の勤務確定で一斉に正しい勤務に修正すると、MHも一気にどかんと計上されます。これでは人件費管理が全くできません。

そこで第1ステップでは週間単位で勤務を確定するように徹底しました。1店1店の実施状況は手作業で画面検索し、きちんと勤務確定できているかどうか検証しました。エラーがゼロならきちんと勤務確定ができています。

週間の勤務確定がある程度定着すると、次は第2ステップに移行しました。毎日勤務確定するという目標にステップアップしました。しかし、毎日きちんとできているかという検証をしようとすると、手作業での作業量が7倍になります。私の部署のマンパワーでは、正直、手作業で毎日勤務確定を確認するのは難しく、WSPシステムの登場までなかなかスムーズにはいきませんでした。人手を割ける会社であれば、勤務確定を毎日確認すれば、MHの管理が正確にできるようになっていきます。また、毎日は難しくとも、少なくとも「月末1回」の確認より「週1回」「週2回」の確認のほうがMHは正確に管理できます。できる範囲で確認の頻度を増やすことも1つの方法です。

残念ながらこの2つの課題は、データを自動で提供するWSPを導入するまで、何年間もずっと先送りになってしまいました。当初考えてから約30年間経ってしまいました。しかしWSPを開発するときには、この長い間の試行錯誤と少しずつ積み上げたノウハウがとても役に立ちました。WSPについてはステップ4で後述いたします。

いいものまねっ子作戦で ベストプラクティスを共有

前項までの例のように、至るところに自社の問題を解決するベストプラクティスは眠っています。それを見つけて実践することが業務改善の第一歩なのですが、「自社や自分のチームに取り入れる」ところでつまずく人は多いのです。

そこで、業務改善を推進する人が旗振り役となって、いいものはどんどんまねる「いいものまねっ子作戦」をします。

大事なのは、誰がそれを開発したかではなく、いくついいことを実施しているかということです。10個実施していれば相当な力になります。

特に同じ社内の人間がベストプラクティスを実践していると、意地をはって、もっといいものをつくりあげたいと思うものですが、まずはやってみて良さや改善点を体感することが大切です。

その上で改善することがあれば改善し、もっといいものが見つかればさっさと乗り換えます。

ノウハウを開発するには相当の苦労と時間とコストが発生します。ノウハウ争いに参加するよりもノウハウを素直にまねる力を持つこともとても大切です。

業務改善の柱2
ムダを見抜いて
仕事の知的生産性を高める

　生産性には労働生産性と知的生産性の2種類があります。

　労働生産性とは、労働者1人当たり、あるいは労働1時間当たりでどれだけ成果を生み出したかを示すものです。知的生産性とはオフィスの中で知的成果物を生み出す効率のことと言われています。

　労働生産性を高めるための手法としては、トヨタ生産方式の「7つのムダ」と「3ム」の改善などがとても有名です。

　「7つのムダ」とは次のムダのことだと言われています。

① 　つくりすぎのムダ
② 　手待ちのムダ
③ 　運搬のムダ
④ 　加工そのもののムダ
⑤ 　在庫のムダ
⑥ 　動作のムダ
⑦ 　不良をつくるムダ

　3ムとは、「ムダ・ムラ・ムリ」のことで、下の文字をとって通称ダラリと呼ばれています。どこかにムダはないか、ムラが発生していないか、ムリが起こっていないか、問題を探し改善していきます。

　ところで皆さん、知的生産性の高い仕事の仕方をするために最も大事なことはなんだと思いますか？　ここで少し考えてみてください。

答えは「ムダな仕事をしないこと」です。

　ところがオフィスワーク時の知的生産性を高めるノウハウについては、まだまだ企業のブラックボックスになっており、社会で共有化されていません。

　オフィスでの知的生産性の改善のためには、マネジメントの仕方、時間の使い方、人の使い方、チーム力の高め方、会議の仕方、情報伝達の仕方、スペースの使い方、などさまざまな領域について検討する必要があります。

　これらの領域についてどこかにムダはないか、どこかにムラが発生していないか、何かムリが起こっていないかという３ムに関係する問題を探し改善していきます。

　しかし「ムダな仕事」と言葉で言うのは簡単ですが、業務改善を推進するにあたって難しいのは「人によってムダと思っている仕事は大きく違う」ということです。

　一番やっかいなのは、忖度、きれいな言葉でいえば気配りから発生する「保険仕事」です。

　これについては世の中の上司は、２通りの評価をします。

　常に忖度し保険をかけて（言い方を変えると気配りして）仕事をするのが大事だと思う人もいれば、保険仕事に時間とお金をかけるのはムダだと思う人もいます。

　業務改善という視点だけで考えれば、保険仕事や過剰品質の仕事を排除し適正品質の仕事をすることがとても大切です。

　ちなみに過剰品質とは、相手が期待している以上の成果物やサービスを提供している状態を指します。困ったことに事前の期待を越えているので、相手の満足度は高いものがあり、非常に高く評価されます。

　特に多いのが不必要に手の込んだ資料を作成し、労力と成果のバラン

スがくずれている事例です。評価されたいという人間の心理が原因ですが、コストを考えるととても非効率です。

　しかし上司が気配りを大切にしていると、この理屈は通用しなくなります。適正品質の仕事をしても忖度している人と比較され、「気配りができない部下」だと思われてしまいます。その結果、「コスパが悪いな」と思っていても部下は上司が望む「過剰品質」の仕事、「保険仕事」をしなければならなくなります。

　「忖度（気配り）」と「適正品質」、部下にとっては上司のマネジメントスタイルによってかなり差が出るとても困った問題です。

　知的生産性の高い仕事をするには、保険仕事や過剰品質の仕事を排除し、適正品質の仕事をすることがとても大切です。

　言葉で言うのは簡単ですが、風土にするのはとても大変です。しかし、それが組織の風土になっていないといろいろな価値観が生まれ、さまざまな軋轢が生じることになります。

　そういったムダな軋轢を生まないために、業務改善の推進者が知っておかなければならないことがいくつかあります。

● 仕事の優先順位マトリクスを知っておく

　次の表は皆さんもご覧になったこともあると思いますが、仕事の優先順位マトリクスという、とても有名なものです。重要度（重要、重要でない）と緊急度（緊急、緊急でない）の4つの象限からできています。

　このマトリクスに仕事を配置してみたとき、どの領域の仕事から手をつけますか？

　正解は「重要で緊急な仕事から手をつける」です。

　次に、どの領域の仕事に注意を払いますか？

　仕事のできる人は「重要だが緊急ではない仕事」に一番注意を払い、

◎仕事の優先順位マトリクス

	緊急でない	緊急
重要	重要だけど 緊急ではない	重要で緊急
重要でない	重要でなく 緊急でない	重要でないが 緊急

　将来的に、その仕事が「重要で緊急な仕事」にならないように事前に段取りをつけて仕事をします。つまり締切が迫った仕事が発生しないように注意を払っています。

　このマトリクスに各種の仕事を整理すると次のようになります。

　「重要で緊急な仕事」には、締切が迫った仕事、突発的なクレーム・問題・事故・災害が入ります。この中で問題なのは、「締切が迫った仕事」です。

　仕事ができる人は、「締切が迫った仕事」を生み出さないように、前述した通り、その仕事が「重要だが緊急ではない仕事」の段階で一番注意を払い、事前に段取りをつけておきます。

　このようにしておくと「重要で緊急な仕事」は、本当に避けられない、突発的なクレーム・問題・事故・災害だけになります。「締切が迫った仕事」は発生しないので、緊急事態に専念できるのです。仕事の遅れも発生しません。

◎仕事の例

	緊急でない	緊急
重要	重要だが緊急ではない	重要で緊急
重要	締切が先の重要な仕事	締切がせまった仕事 突発的なクレーム 突発的な問題 突発的な事故・災害
重要でない	重要でも緊急でもない	重要でないが緊急
重要でない	締切が先の雑事	突然の電話・来訪 締切がせまった雑事

　一方、「重要だが緊急ではない仕事」に注意を払わない人や集団は、先送り病になり、締切が迫った仕事が多く発生するようになります。

◎先送り病

上司が先送り病だと、せっぱつまってから部下を動かす

上司が先送り病だと、部下は忙しくなります

これを防ぐには、時間管理の手法が必要になります。

●時間管理の2つの視点

「重要だが緊急ではない仕事」を先送りしないためには、次の2つの視点が重要です。

① いつも、どれくらい先の仕事を予想しているか？

② 段取りをいつ頃から始めるか？

仕事ができる人はマストドゥ（しなければならないこと）を早い段階から洗い出しています。

マストドゥは気づいたときに、忘れないように必ずメモしておくのが鉄則中の鉄則です。そのためにはステップ1で紹介した「週間マストドゥ」のようなフォーマットにすぐ書いておける仕組みが必要です。

先送り病の人は、大抵メモではなく暗記しているので、すぐ忘れてしまいます。あるいはやりたくないので、しばらくは思い出さないようにしているのかもしれません。

●1．数日から数カ月先の仕事を見る「横の視点」

「① いつも、どれくらい先の仕事を予想しているか？」に関しては、横の視線が必要です。

① この間に発生しそうな仕事を洗い出しします。

これをマストドゥ（しなければならないこと）の洗い出しと言います。

② 早め早めに指示したり、早め早めに着手させたりします。

少しでも手をつけさせることが大切です。少しでも手をつけると、その仕事を忘れなくなります。

どれくらい、先を見て、早め早めに仕事に着手していますか？　させていますか？

◎先の仕事を予想する

横の視点で先の仕事を予想する

● 2．その日の仕事を効率的に行なう「縦の視点」

縦の視点はシンプルで、1日を次の3点で整理します。

---

① 当日のマストドゥ（しなければならないこと）を確認する
② 当日すべき仕事を整理する
③ 仕事のケツ（終了時間）を決める

大事なのは仕事をアップする終了時間（俗語で"ケツ"と言いますよね）を決めることです。仕事の"ケツ"を押さえていないと仕事のスピードが鈍り、ムダな残業が発生したり、翌日まわしになったりするケースが多く発生します。

皆さんも大事な私用があるときは頑張ってなんとかしていると思います。時間内に終わらせるためには、持続した集中力が必要になります。

一番簡単な方法としては、イベントのときなどにつくる「タイムテーブル」を1日単位でつくるということ。このときに、多くの人は「開始時間」を書くのですが、「終了時間（"ケツ"の時間）」も決めて、記入します。それだけでも大きく変わります。

この横と縦2つの視点を両立させるのが時間管理です
マストドゥの管理に週間マストドゥのフォーマットはとても役にたち

ます。

◎マストドゥを管理する

時間	仕事
9時	
10時	
11時	12:00までに企画書書き終える
12時	
13時	
14時	フィードバック14:30までにもらう
15時	15:30までに修正案提出
16時	上長チェック16:30までにもらう
17時	配付（17:00まで）

終了時間（ケツ）を書く‼

「時は金なり」とよく言いますが、「１日＝24時間」は誰でも平等です。時間の使い方によってその価値に大きな差が出るのです。

部門運営は急所マネジメント、全社経営は重要KPIマネジメント

　知的生産性を高めたいときに障害になるのが、「100点満点のマネジメントにこだわる管理職」の存在です。世の中には、100点満点のマネジメントにこだわる管理職が多くいます。10×10のマス目を全部埋めてから判断するタイプです。

　私の上司にも何人かいましたが、仕事をするのがとても大変でした。特に重箱の隅をつつくようにして細かい情報にもこだわるので、とても人手と時間がかかりました。それというのも、「重箱の隅をつつく」タイプは些細なことを問題にしたり、細かいことにネチネチと口出ししたりするからです。

　重箱の隅は「重要でも緊急でもない」領域で情報収集には時間がかかって労働時間ばかりが延びます。意思決定の判断には不要な領域でした。

　「管理職はなんでも知っていなければいけない」「何か気がついたことはすべて埋めないと気がすまない」というような真面目な使命感があったのかもしれません。また、このタイプには頭の回転が速く、議論の勝ち負けにこだわる人が多いです。ともかく議論に勝たなければ気がすまないようです。こういうタイプの上司に対抗心を燃やして対応すると大変です。自分に対抗してくる人物に対しては徹底的に理論武装をし、敵意を燃やして攻撃してくるからです。

　若い頃は、「管理職はそうしなければならないのか？」と思っていましたが退任まで何十年も管理職を務め、そうではないということがよくわかりました。ちなみにこのタイプは、勝負で勝っていると思うと攻撃

の手を緩めてきます。ですから、「重箱の隅」タイプが上司になったらどこかで「自虐ネタ」で笑いをとり、優越感を感じてもらうのも意外と効果的です。

●「8×8＝64の急所マネジメント」で「重箱の隅をつつかない」管理職になる

そこで管理職の方におすすめしたいのが「8×8＝64の急所マネジメント」です。100点満点のマネジメントに比べて8×8＝64%の情報量で意思決定ができます。

この方法では、なによりスピードで競争に勝つことを重視します。36%のムダな仕事が削減できます。私は急所マネジメントをベースにしていたのですが何の問題もありませんでした。「100点満点にこだわる管理職」のようなマネジメントをしなくても部下は育ち、チームは楽に結果を出し続けたからです。楽に早く結果が出ることが大切です。

◎8×8＝64の急所マネジメント

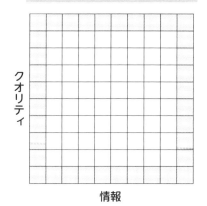

10×10の満点マネジメント

クオリティ

情報

満点マネジメントにこだわる人は多い
しかし、どうでもいい事も多く、人手
と時間がかかり競争に負ける

8×8＝64の急所マネジメント

クオリティ

情報

80%の急所マネジメントで
スピードで競争に勝つ

急所マネジメントをするための必須条件は、意思決定するために必要な最低限の情報がそろっていることです。

必要最低限の情報とは、仕事を指示するときの８つのキーワード（何を・誰が・何のために・いつからいつまで・どのように・できばえ・コスト・人手）にプラスして、期待される効果とリスクの想定です。これらのことが非常に重要になります。

この必須条件をリーダーは最初に押さえておくことが必要です。それさえ押さえておけば、部下への指示や確認等についても条件に関連することだけに絞れます。いちいち、「Ａの作業をいつして、Ｂの作業をいつするんだ？　誰に頼むんだ？」などと確認する必要はなくなります。つまり、８×８のマネジメントが自然にできるようになるのです。

また、会社の業務として行なうのですから、うまく実施して成果を出すのは当然のことです。しかし、場合によってはうまくいかないケースもあります。そのときにリスクをどのように想定し、対策をどうするか、いつそのトリガー（引鉄）を引くかも押さえておく必要があります。状況によっては撤退の基準も考えておく必要があります。

「管理職は完璧にマネジメントしなければいけない」というのは管理職側がそうしたいという願望であって、組織として知的生産性を高めるための必要な条件ではないのです。

特に今の時代、100点を目指してもスピードで競争に負けてしまっては意味がありません。人手と時間も膨大にかかります。８割程度のクオリティと情報で適切なマネジメントをし、スピードで競争に勝つことが非常に大切です（ただし、たとえば国防に"８割の守り"があってはならないように、防衛目的の場合は別です。隙間や弱味があるとそこを突かれてしまいます。国防が８割だと、２割の隙を突かれて攻めこまれたら大変です。それと同様、防衛のときは100点満点以上が必要なのです）。

重要KPIをどう設定するか？

全社で数値効果が出るマネジメント風土に転換するには、「数値改善効果のある重要KPIを設定する」「簡単に重要KPIが正常か異常かわかる」という2つの仕組みが必要になります。

指標には結果指標と先行指標の2種類があります。

売上・粗利益・人件費・経費などの数値が結果指標です。遅行指標とも言います。結果がすべて出てからわかります。

先行指標とは、MH・時間外など先に発生している数値で、将来、結果指標がどのようになるかなどをを示唆しています。

優秀な人たちは、結果指標をよくするために、先行指標を管理しマネジメントしています。これがプロセス管理です。

この結果指標をよくするために重要な先行指標を重要KPIと呼んでいます。

結果指標ではなく先行指標でプロセス管理するというのがポイントです。結果指標をいくら眺めてみても結果指標の数値は変わりません。結果指標を変えるために、効き目のある先行指標には何があるか探す、それを期間中プロセス管理してはじめて、結果指標を変えることができます。

皆さんの会社で、結果指標を変えるために、効き目のある先行指標には何があるか探すことが必要です。

私が長年勤務したスーパーマーケットやチェーンストアの多くは、結果指標が「売上を伸ばす」「粗利益を拡大する」などで、その場合の先

◎先行指標を探す

	分類	結果指標	先行指標（重要KPI）
スーパーマーケットの場合	科学的に商売をする	売上を伸ばす 粗利益を拡大する	新商品の拡販状況がわかる 重点販売商品の拡販状況がわかる 話題商品の拡販状況がわかる 売れて儲かる商品の拡販状況がわかる 特売品消化率を〇〇％にする 見切り廃棄を〇〇％にする
	科学的に人を有効活用する	労務管理を徹底する 人件費を予算内にする	長時間労働している人数と氏名がわかる 労働契約時間と実労働時間の差がわかる パートさんの契約率を予算内にする 月間のシフトMHを予算内にする
皆さんの会社の場合			

行指標（重要KPI）は「拡販状況の把握」や「特売品消化率を〇〇％にする」「見切り廃棄を〇〇％以内にする」などが考えられます。

　同じように、皆さんの会社の重要KPIを考えてみてください。

　ちなみに、多店舗展開している場合は、重要KPIを自動表示すると、とても素晴らしい効果を発揮します。

現場は悪さ加減がわかると改善の行動を起こします。私が開発したワークスケジューリングプログラム（WSP）という自動システムでは、重要KPIが自動表示され、悪さ加減があると改善し、結果指標が変わる仕組みになっていました（WSPについてはステップ4で説明します）。これにより、「課題発見→改善」がとてもスムーズでした。

　重要KPIの把握は、手作業でも可能です。ただ、データの検索・集計・分析が大変で、挫折する場合が多いのがネックです。

　もし、それほど大きな規模ではない職種で、手作業で悪さ加減を示すデータを集計でき、改善されると結果指標にも反映できるのであれば、Excelなどを使用して、手作業で数字を見せることはとても効果があります。

　方法は自動と手作業がありますが、何らかの方法で重要KPIを表示し、マネジメントできる仕組みができると、特別なことは何もしないのに効果が出続けます。

柱2-3

仕事を指示したり指示を受けたりするときに、よく発生するムダ

　仕事を指示したり指示を受けたりしたときに、よく発生するムダなコミュニケーションがあります。

◎仕事を指示するときによく発生するムダ

〇〇の資料を
つくってください

それは部下の仕事。部下にまかせた仕事を、いちいち考えてなんかいられない!

はい!
わかりました!

上司は、自分の能力を見ている!
つまらないことで相談はできない!
資料は、100%できてから報告しなきゃいけない!
気楽に上司の考えを聞くことなどできない!

　そして、部下が完成させた資料をはじめて見て「ここは違う」とたくさんの修正……意外とあるあるではないでしょうか?

　これ、元々の原因は、「上司の考えが、最初の段階で具体的にまとまっていない」ことである場合も多いのです。まとまっていないのにとりあえず振る、部下の仕事だからと細かく指示しない、できあがったものを見てはじめて意見を言う、というパターンでは、さまざまなムダが生じます。

　このパターンの究極のムダで、かつ多いのが、仕事ができあがって報

告したら、上司から「全然違う！ もう一度やり直してください」と言われること。部下は部下で「それなら最初から言ってくださいよ」と心の中で思っています。

　再度つくって報告したら違う視点で指摘され、部下は部下で「言うことがコロコロ変わるんだから」と内心思っています。これは実は、何も考えていなかった上司も何回か報告を聞いているうちに、方向性が見えてきて、考え方が変わったのが原因です。
　このようなことが続くと、やり直しの時間がかさみ、大きなムダになります。また部下のストレスも非常にたまります。

◎よくある究極のムダ

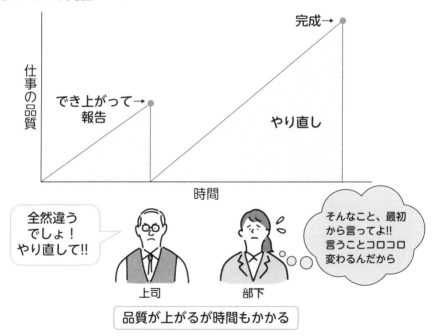

　これを防ぐには、次の項目でご紹介する業務のブレイクダウンをこまめにすることが大切です。

柱2-4

業務のブレイクダウンでムダなやりとりを改善

　適正品質で、仕事を短時間で仕上げるには、次の3ステップを一直線かつ右肩上がりに行なうことが大切です。

◎業務のブレイクダウンの3ステップ

①	方向性確認	仕事を指示したとき・受けたとき、早い段階で上司と部下で方向性を確認する
②	中間報告	中間で報告し細かい軌道修正をする
③	最終報告	最終報告でブラッシュアップする

　しかし、往々の場合、①②③のステップで山あり谷あり、ということになりがちです。

◎業務のブレイクダウンをこまめにする

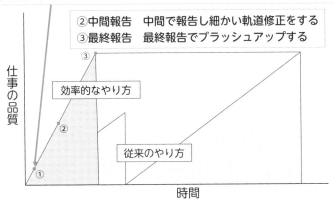

適正品質で、仕事を短時間で仕上げる技術
①方向性確認　仕事を指示したとき・受けたとき、早い段階で上司と部下で行なう
②中間報告　中間で報告し細かい軌道修正をする
③最終報告　最終報告でブラッシュアップする

仕事の品質

効率的なやり方

従来のやり方

時間

山あり谷あり状態にならないためには、部下は仕事を受けた早い段階で、その仕事の進め方のラフ案を簡単に作成し、上司と「方向性の確認」をします。

　おすすめは、文章が何も入っていない仕事の進め方の見出しの一覧表のようなものをつくる方法です。疑問な点や注意すべき点、抜け漏れを相互確認し、ベクトル合わせをします。

　「②中間報告」では、ある程度、できあがった段階で相互確認し細かい軌道修正をします。最後は、「③最終報告」での細かい点のブラッシュアップです。

　業務のブレイクダウンをすると最初から正しい方向性で仕事ができるので、適正品質で仕事を短時間に仕上げることができます。当然やり直しはありません。業務のブレイクダウンを行なう回数やタイミングはそのときによって違います。

　この方法で行くと決めたら、上司は部下に業務のブレイクダウンの方法を教えましょう。そして「最初のラフ案ができたら声をかけてください」と言い添えます。

●業務のブレイクダウンに有効な８つのキーワード

　業務のブレイクダウンに役立つ、また、効果的な仕事の指示の仕方・受け方をするときの魔法の８つのキーワードがあると言われています。この８つのキーワードを記憶しておくととても役に立ちます。

　仕事の指示をするとき、あるいは仕事を受けるときにムダがよく発生します。正しい情報が伝わらず、ムダな作業が多く発生してしまうのです。それを防ぐためにも効果的な仕事の指示の仕方・受け方は上司も部下も身につけて共有しておく必要があります。また仕事のできばえや抜け漏れを確認するのにも、とても便利です。

キーワードは次の8つです。

◎業務のブレイクダウンの8つのキーワード

①	仕事は何で	（内容）
②	何のため	（目的）
③	いつから	（着手）
④	いつまで	（納期）
⑤	どうやって	（方法）
⑥	できばえ	（品質）
⑦	コスト	（経費）
⑧	人手は	（人員）

　たとえば、「Aさん、商品整理してください」と作業指示をする場合と、「Aさん、商品整理してください。お客様が商品を取りやすくするためです。いまから30分で、両手を上手に使って、商品の顔を正面にしてください。Aさん1人で実施してください」と言われる場合とで、どちらがわかりやすいですか？　あきらかに8つのキーワードを押さえて指示したほうがわかりやすくなります。

　仕事を指示するとき、あるいは仕事の指示を受けたときには、伝えた情報量や内容によって作業効率が高まることもあれば、反対にムダが発生する場合も多くあります。

　このキーワードは業務のブレイクダウンに有効だと説明しましたが、自分が部下の立場の場合には、使いすぎには注意が必要です

　知ったかぶりして矢継ぎ早に8つの項目を上司に確認すると、上司に配慮しない嫌な部下だと思われてしまいます。周りやその場の空気に注意する気配りや相手やその場にいる人の気持ちを考えて注意して発言する配慮が必要になってきます。

情報伝達で発生するムダ

　前項の「仕事の指示のムダ」に関連して、情報伝達で発生するムダについて知っておきましょう。

　皆さんも言葉で情報を伝える伝言ゲームを見たり、したりしたことがあるかもしれません。最初の人にある文章を伝えて最後の人にどのような情報が伝わったか確認するゲームです。

　この伝言ゲームのような手法で、「言葉でどれだけ情報が伝わるか」を測った実験があります。そうすると、「1人目ですでに70％しか伝わらない！」という結果が出たそうです。

　70％というと結構伝わってすごいじゃないかと思われるかもしれませんが、これが曲者です。

　つまり、本部長が言ったことは部長には70％伝わります。

　部長から課長には70％×70％で49％、課長から主任には49％×70％で34％、主任から社員には34％×70％で24％、社員からパートさんに

◎情報伝達の落とし穴

70%　本部長　部長

49%　課長

1人目に70％、
6人目には17％
しか伝わらない

34%　主任

24%　社員

17%　パート

は24％×70％で17％しか伝わりません。

　本部長の言ったことを5段階の階層を通してパートさんに伝えると、17％しか伝わらないことになります。一方で情報伝達の手間は相当かかっています。

　つまり手間が非常にかかる割に、情報が伝わらない非効率なやり方だということです。

　口頭による情報伝達は正しい情報が伝わらないという欠点を持っています。しかも情報伝達の労力は膨大にかかります。また途中で伝達がとぎれるというリスクもあります。

　つまり、口頭による情報伝達は非常に効率が悪く生産性が低いやり方だと言えます。だからこそ、指示はメールや文書でダイレクトに正しく伝える必要があります。

●現場への情報の伝達度と到達度

　情報の伝達に関して、本部と現場の間での情報の伝達の仕方が問題になる場合もあるでしょう。

　本部と現場の情報伝達は、次のようなやり方が主流です。

◎本部と現場の情報伝達方法

・情報を口頭で伝達する
　　欠点（手間がかかる割には正しく伝わらない）
・膨大な資料のデータを送って見せる
　　欠点（自分に必要なデータを探して見ないとわからない）
・データを検索させる
　　欠点（自分に必要なデータを検索しないとわからない）

　これらの方法は受け手への情報の到達度はかなり低く、効果も少な

く、継続性も高くありません。非常に効率の悪い情報伝達の仕方になります。

　情報を送る側は工夫していろいろな伝達方法を考えますが、現場での情報の到達度にはなはだ疑問が残ります。一生懸命、労力とコストをかけて情報伝達していますが、情報の到達度はよくありません。情報の伝達の労力と情報の到達度を秤にかけて吟味する必要があります。

　一番効率的に伝達するには、「毎日必ず見るものに、必要な情報をすべて表示する」ことです。たとえば毎朝朝礼があるなら、朝礼の場で掲示する。パソコンを全員が使うなら、メールに送る。ただ、これらの方法も結局「自分で見ようとする」ことが必要ですし、毎日更新される情報を誰かが整理して、メールの場合、必要とする人に送らなければなりません。人力で実現するのは、なかなか難しいでしょう。

　ステップ４で説明する自動のシステムWSPでは、ログインしたら、最初の画面に自分に関する重要KPIが自動で表示されます。画面に入ると必ず重要KPIが見える仕組みで、プッシュ型の情報提供をしています。本人が意思を持って見るプル型の「見える化」ではなく、プッシュ型の「見させる化」をしているのが特徴です。個人個人に必要なデータだけが毎日自動表示されるので、受け手の情報到達度は100％になります。現場のエリア部長、現場責任者、部門責任者それぞれ自分自身の重要KPIだけが表示されます。

　コンピューターで自動計算して、何を誰に送信するかもシステム化されているので情報伝達の労力はゼロです。悪さ加減がわかれば改善する人も多いので、効果も高く、継続的に改善が自働で進むことになります。これが全社を自働で動かすマネジメントの急所です。

　つまり、システム化し「重要KPIを見させる化」することが大切なのです。

　また従業員が数千人、数万人いると本部から現場の全従業員への情報伝達の労力や伝達コストも膨大にかかります。本部から現場の全従業員への情報伝達では、従業員が自ら情報を確認できるダイレクト・コミュニケーションの仕組みを持つこともとても大切です。

　シフト表、従業員販売案内、従業員特典、給与明細、就業規則など自分に関する知りたい情報が簡単に閲覧できるようにします。そうすれば、本部は情報伝達の労力や精神的ストレスから解放され、到達度100％で多くの情報を伝えることができます。情報を見るほうも、見たいときに見たい情報が見られてとても便利です。

世の中で最も多い、ムダのある部門運営の仕方

　司令塔のつもりで部下に個人個人バラバラに指示するのが上司の仕事だと思っている管理職は多くいます。それはそれで問題ないのですが、困ったことに、仕事の全体像や個人別の役割分担は上司の頭の中だけにあって、部門内で共有化されていないケースが多くあります。

　指示をしたときから上司と部下の一対一の関係ができあがり、チームプレーができない部門になっていきます。

◎効率の悪い部門運営

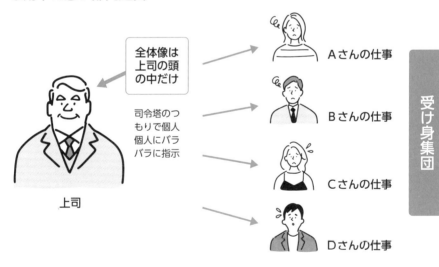

　大事な情報が上司の頭の中にあるだけなので、部下は誰が何を指示されているか全くわかりません。また、上司の指示がないと部下は変に動けず、常に指示待ちの状態になります。当然他の人の応援もできません。

　部下は仕事の全体像や役割分担がわからないので、やらされ感を持ちストレスがたまります。人は全体像がわからずに、部分部分の作業だけ指示されると、とてもストレスを感じるものです。

　このような部門では個人個人がどれだけ優秀でも受け身集団になり、責任を持って自立的に取り組むことができなくなります。

　また、仕事の遅れが発生すると、上司は遅れを取り戻すために、全員への作業指示を変えます。その結果、全員への指示がコロコロ変わることになります。変更した全体像が共有されていれば別ですが、いつものように個人個人バラバラに指示し、共有もしません。

　応援体制もないので、特定の人がいつも残業して対応することになります。このような進め方では、部下は常に指示待ちになり、部下は上司の能力以上の仕事の成果は期待できなくなります。

　このような一対一の司令塔型マネジメントをしている管理職は意外と多くいます。まずは仕事の全体像を示し、役割分担を共有することから始めてみるといいでしょう。

●明るくたくましい自律型集団

　業務改善を進めるにあたっての理想は、3度目の登場になりますが、次の図のような、チームプレーで仕事が回せる環境です。

　リーダーとして、チームプレーで仕事をできるような仕組みをつくるのが、とても重要です。必要なマネジメント・ツールが、チームのマストドゥ（しなければならないこと）とアクションプラン（何を誰がいつまでに）です。これを作成するのはリーダーの仕事です。

　マストドゥとアクションプランで全体像と役割分担を共有します。

　朝終礼やミーティング（MT）で個人個人の仕事の進捗状況を共有します。

　必要に応じて、作業を手伝ったり、知恵を出しあったりの応援体制を

◎チームプレーで仕事ができる仕組み

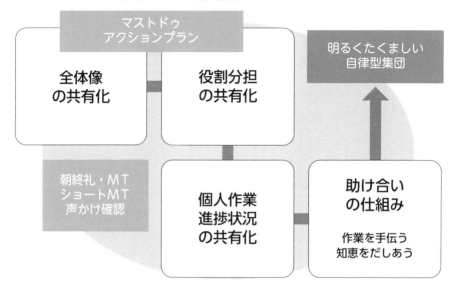

とります。

　このような仕組みができると、メンバーは進むべき全体像と役割分担がわかるので、明るくたくましい自律型集団をつくることができます。

業務改善の柱3
集団活力を高め、人と組織を動かす

　下の図は、組織の勝利の方程式です。

　業績は、戦略・戦術×集団活力のかけ算になっているのがポイントです。集団活力は集団が持つ活動を生み出すチーム力のことで、その集団の実行力に影響を与えます。集団活力が暗くてひよわな集団なら実行力は下がり、その結果業績も下がります。明るくたくましい集団なら実行力は上がるので業績も上がります。集団活力は目に見えないのでなかなか気づきにくい側面があります。

◎最も知的生産性が高いのは仕事が楽しいとき

$$業績 \ = \ 戦略・戦術 \ \times \ 集団活力$$

　この集団活力に最も影響を与えるのがリーダーの存在です。存在感のないリーダーと存在感のあるリーダーでは集団活力はかなり違ってきます。明るくたくましい集団をつくれるリーダーをいかに育成するかがとても重要になります。

　集団活力を高めるためには、見直すべき点が2つあります。1つは上司部下のコミュニケーション、もう1つは上司としての素質です。1つずつ見ていきましょう。

◎存在感のあるリーダー
5（良い）〜1（悪い）のランキングをつけるとどんな言葉が入る？

では、リーダーの資質とはどんなものなのでしょうか？

存在感のあるリーダー5（良い）〜1（悪い）のランキングをつけるとどんな言葉が入ると思いますか？

5	
4	
3	
2	
1	

たとえば、私はこういう言葉が入るのではないかと考えています。

5	絶対にいてほしい人
4	いてほしい人
3	いても、いなくてもいい人
2	いないほうがいい人
1	絶対にいてほしくない人

これらは日常会話で非常によく使われる言葉で、メンバーの気持ちをストレートに表現しています。

最初にリーダーの皆さんがメンバーからどう思われているかを自問自答することから始める必要があります。

分析してみて「絶対にいてほしい人」だと思えるなら問題はありませんが、そうでない場合は何か心の中にひっかかっていることがあるかもしれません。その場合は原因の分析と対策が必要になります。

　メンバーからどのように評価されているか、メンバー1人1人の顔を思い出して、該当する箇所に○をつけてみましょう。

　あなたは、絶対にいてほしい人ですか？　平均点は何点ですか？　ランキングの低いメンバーはいませんか？　何か思いあたることはありませんか？

◎評価項目

点数	項目　　　　メンバー	A	B	C	D	E	平均
5	絶対にいてほしい						
4	いてほしい						
4	いても、いなくてもいい						
2	いないほうがいい						
1	絶対にいてほしくない						

●絶対にいてほしい人になるために

　あなたはメンバーから見て、絶対にいてほしい人になるために何か心がけていますか？

　すべてのメンバーと挨拶していますか？　声かけしていますか？　会話していますか？

　メンバーが期待していることで、何かできていないことはありませんか？　何か改善すべきことはありませんか？

　多くの場合、日頃のコミュニケーションがとれているメンバーからの評価は悪くないと思いますが、あまりコミュニケーションがとれていないメンバーからの評価は低いかもしれせん。そのようなメンバーから、「絶対にいてほしい人」と評価されるためには、こちらから行動を起こして、まず距離を縮める必要があります。

絶対にいてほしいリーダーは、次のような人です。

◎理想のリーダー

- へこたれない、前向き
- 明るく元気、いつも元気をくれる
- 相談しやすく、成長させてくれる

　もちろん、リーダーだけでなく、チームメンバーもこのような人が理想です。共通項は「元気で明るい」ということ。

　簡単そうに思えますが、「自分は根っから明るい」と思いますか?

　案外、「暗い」「物静か」と自己分析している人のほうが多いはずです。そうであれば、まずは明るく、元気に見えること。最初は虚勢をはってでも明るく、元気にふるまうことを心がけましょう。

　リーダーになった瞬間から、メンバー全員から期待されているリーダーの役割を強く意識する必要があります。

●まずは役割演技から

　リーダーとしてメンバーから期待されている役割を果たす、これが役割発揮です。最初からリーダーの役割発揮がきちんとできる人はいません。まずは虚勢をはってでも頑張ってメンバーから期待されている役割を演技する必要があります。これを役割演技と言います。

　逆に、メンバーから期待されている役割を果たせないと、絶対にいてほしいリーダーとしては認められません。

　リーダーに登用されたときに、リーダーだから偉いと錯覚する人がいます。その結果、自分の感情のおもむくままに発言したり、自分の本能のままに行動したりしてしまう場合があります。

きついことを言うようですが無能なリーダーについた瞬間から、メンバーの不幸が始まります。上司は部下を選べますが、部下は上司を選べません。リーダーに登用されたからといって最初からよきリーダーとは限りません。よきリーダーになるための努力と鍛錬が必要です。

最初は役割演技から、メッキも10回塗れば本物になり、いつのまにか役割発揮できるようになります。

● 人間関係は鏡の法則　苦手な人には自ら好意を示すと効果的！

日頃のコミュニケーションがとれているメンバーからの評価は悪くないが、あまりコミュニケーションがとれていないメンバーからの評価は低い。これがリーダーに一番よくあるパターンです。

リーダーはメンバー全員を正しく導くというリーダーとしての使命があるので、一部のメンバーを放置していてはいけません。

これまであまりコミュニケーションしてこなかったメンバーからも、「絶対にいてほしい人」と評価されるためには、リーダーのほうから行動を起こして、まず距離感を縮める必要があります。

苦手だなと思っていると、お互いしゃべりたくない気持ちが働き、嫌な距離感が生まれ、少しずつ疎遠になっていきます。放っておくといつまでも疎遠なままになってしまいます。

心理学に「鏡の法則」というのがあります。悪意には悪意が、好意には好意が返ってくるといわれています。つまりリーダー自ら好意を示す必要があるということです。

ある程度距離感ができてしまうと、メンバーからリーダーに好意を示すことはまずありえません。皆さんから好意を示して距離感を縮める必要があります。

まずは日頃の挨拶とプラスαの声かけをして、会話する機会を少しずつ増やしていきましょう。

●絶対にいてほしくないのは、いつも愚痴るリーダー

　よく、「忙しい」「時間がない」「人がいない」と言い訳する人がいます。これはサラリーマンの三大言い訳と言われています。

　そんなことばかり言っていると、仕事のできる上司からは「忙しいのは時間管理ができてないから」「人がいないなら工夫することが大事」と言われてしまうでしょう。また、「能力のない人は"できない理由"ばかり並べるが、優秀な人は"こうしたらできる"と提案する」と失笑されてしまうかもしれません。

　仮に皆さんが上司だとして、メンバーに、「忙しい」「時間がない」「人がいない」と言えば言うほど、メンバーは「そうですね……」と一応相槌は打ってくれるでしょう。

　しかし、「そうですね……」と言っても、上司である皆さんを尊敬して言っているわけではありません。その場しのぎの相槌を打ってくれているだけです。

　このように、皆さんがサラリーマンの「三大言い訳」を言えば言うほど部下は面従腹背になります。面従腹背とは、うわべだけ上の者に従うふりをしているが、内心では従わないことを言います。

　いつも「忙しい‼」「時間がない‼」「人がいない‼」と愚痴ばかり言う上司に、皆さんはずっとついていきたいと思いますか？　尊敬できますか？

　ここまでお伝えしてきたように、リーダーの大事な役割として、チームの士気の高揚をはかる必要があります。安易にサラリーマンの三大言い訳を言って部下の士気を下げることは慎むべきです。つまり、サラリーマンの三大言い訳は禁句です。職場で禁句をしゃべって、いいことは何１つ起こりません。言えば言うほど、「絶対にいてほしくない人」になってしまうでしょう。

　サラリーマンの三大言い訳は後ろ向きな言葉で、自分や相手を暗くす

る言葉、お互いのやる気をなくさせるプア（Poor）ワードです。使えば使うほど、プアな人生になります。

　リッチ（Rich）ワードは前向きな言葉で、自分や相手を明るく元気にする言葉です。お互いのやる気が出てくる言葉です。使えば使うほど、リッチな人生になります。

一番簡単なやる気を出す方法「〇〇で一番になる!!」

　業務改善を推進するリーダーは、メンバーのやる気を引き出すことも大切です。しかし、やる気は「やる気を出せ」と言って出るものではありません。やる気を引き出すには、そのメカニズムを知ることがとても大切です。

　ビジョン、夢やロマン、ありたい姿を考えると、なぜか志がわいてワクワクしてきます。志がわいてワクワクすると、やる気がでてきます。
　つまり、やる気を出すためには、ビジョン、夢やロマン、ありたい姿を考えることがとても大事だということです。

◎やる気のメカニズム

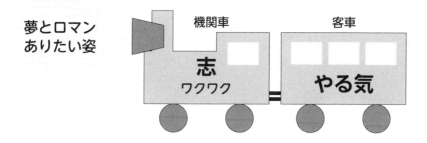

　一番簡単にやる気を出す方法は「○○で一番になる!!」と決意することです。NO.1セオリーと言われています。NO.1セオリーは実際やってみると、とても効果があります。

● モチベーションを高く維持するには？

　日々のコミュニケーションを通じても、モチベーションが上がるときとモチベーションが下がるときがあります。

　名前を呼ばれないとき、無視されたとき、役割のないとき、やっている仕事の意味がわからないとき、自分の意思で動けないときにモチベーションは下がります。

　逆に名前を呼ばれたとき、声をかけられたとき、役割を与えられたとき、やっている仕事の意味がわかるとき、自分の意思で動けるときはやる気スイッチが入り、モチベーションは上がります。

　日々のコミュニケーションを通じても、モチベーションが上がるときとモチベーションが下がるときがあります。モチベーションを上げる、もしくは高く維持するには、リーダーみずからメンバー全員に挨拶したり、こまめに声かけしたりすることもとても大事です。

　メンバーからリーダーに挨拶以外の声かけをすることはあまりありません。職場では職位が3段階違うと雲の上のような存在になります。たとえば、メンバー、課長、部長、本部長の職制の場合、メンバーから本部長へ挨拶以外の声かけをすることは、ほとんどないでしょう。

　つまり、リーダーはいつでも声をかけてくださいという気持ちを持っていますが、メンバーからは簡単には声かけはできないということです。

　これは、リーダーが意識してメンバーに声かけしないとメンバーと会話する機会は生まれないということでもあります。集団活力を高めるために最も大切なのは、日頃の信頼関係をつくることです。そのために一番大事なのが、リーダーからのメンバーへの挨拶や声かけです。

これを強く意識して、先手の挨拶とプラスαの声かけをいつもしておく必要があります。そのときに相手の名前を呼ぶこともとても大切です。

柱3-3

業務改善で陥る落とし穴

　業務改善を進めるときによく陥るのが、チームの自滅です。

　これを防ぐには、特にリーダーやサブリーダーの行司差配がとても重要で、資質やスキルが要求されます。それがないと次のようなことが起こり、結局業務改善が推進できないことになります。

◎起こりがちなチームの自滅

・職位の高い人、声の大きい人が議論をリードし、机上の空論になる
・枝葉末節の議論の勝敗にこだわり、会議にとても時間がかかる
・プロジェクト・マネジメントができず最適な解決案の設計・導入や定着が難しくなる

　これらのことが起きた結果、全体最適の設計が難しく、部分最適な案にかたよってしまうのです。

　そもそも、大勢の人々が本音では「今は改善や改革はしたくない」「もっと先でいいのでは」と思っている場合もあります。

　そういう人たちに向けて、リーダーは「やらないと、こんなにまずいことが起こる」というデメリットや、「やれば、こんなに良いことが起こる」というメリットを伝えることが必要です。

　つまり、業務改善のご利益、成功した場合の将来像を共有して進めることがとても大切なのです。

　そのためには、ファシリテーションのできるリーダーになる＝リーダーが自身のリーダーとしての資質を高めなければいけません。

チームの力を最大限に引き出すファシリテーション

会議の進め方の基本は次の5つだと言われています。

◎会議の進め方の基本

1：アジェンダは何かを確認する

2：会議の目的・ゴールを明確にする

3：発言を促す

4：結論を確認する

5：議事録を作成する

ところが現実の会議では、意見がなかなか出なかったり、あるいは議論が紛糾したり、会議に時間がかかって結論が出なかったり、思うようにいかないケースも多く発生します。また会議になると、積極的に発言する人もいれば、意見がなかなか言えない人もいます。あるいは意見を言いづらい雰囲気の会議もあります。

こうした問題を解決するのがファシリテーションです。ファシリテーションとは、「会議やミーティングを円滑に進め、メンバーの知恵やチームの力を最大限に引き出し、納得性の高い結論を出す手法」のことです。

具体的には、参加者の発言を促しながら多様な意見を引き出し、ホワイトボードなどに重要な情報やポイントを押さえて整理し、議論の輪を

広げ、最後には議論を収束させチームの合意形成の支援をします。このファシリテーションの役割を担う人のことを、「ファシリテーター」と呼びます。ほかに「タイムキーパー」も設定し時間管理をします。

　前述の会議の進め方の基本と大きく違うのは、チームの力を最大限に引き出し、納得性の高い結論を出す手法だということです。そのためのさまざまなノウハウがあります。

　ファシリテーションをテーマにさまざまな本が出版されていますが、ただ本を読むだけでは体得できません。実際にやってみて１つひとつ身につけていくことが大切です。

　当時私は教育担当の部長を任されていたので、新任の管理職全員に対して、日本ファシリテーション協会会長（当時）の堀公俊氏をお招きし１泊２日のファシリテーション研修を実施していました。堀公俊氏の軽妙な講義はとても面白く、さまざまなノウハウを楽しみながら学ばせていただきました。そのときに学んだ主な項目が次のことです。

◎ファシリテーションで大切なこと

- ・安心できる場づくり
- ・話を深める質問の仕方
- ・意見を引き出す手法
- ・答えやすい問いかけ方
- ・意見が出ないときの対応方法
- ・会議に出没する「困ったチャン」撃退法
- ・ホワイトボードを使って議論の内容をわかりやすく記述する技術
- ・ポストイットを使って案を出す手法
- ・意思決定のやり方・意思決定ツール
- ・コンセンサスと対立・対立にどう対処するか

学んだ内容は会議以外の実務の中でも活かすことができました。

　私は特に、ポストイット（ふせん）を使った案の洗い出しを実施していました。

　会議で案の洗い出しのときに、「○○について案がある方、ありませんか」と意見を募ると、真っ先に手をあげてとうとうと意見を述べる人がいます。困ったことに「声が大きかったり」「えらかったり」すると他に案が出ず、それが結論になってしまいます。

　これでは会議参加者全員の意見を聞いたことにはなりません。

　そこでよくやっていたのがポストイットを使った案の洗い出しです。

　「○○について、皆さんの案をテーブルの上においてあるポストイット（75×100mm）に書いてください。1枚につき1つの案を書いてください。時間は5分です」

　場合によっては10分とりましたが、たいがいは5分で十分でした。

　全員でまず5分真剣に考えます。その後に1人1人から案を発表してもらい、質疑応答し、案の共有をします。いろいろな視点からの案が簡単に集まりました。想像できないような素晴らしい案も多々ありました。

　また、会議の参加者にも自分の意見を言えたという満足感を感じてもらうことができます。

　発表したポストイットは壁面に貼って共有していきますが、似たようなテーマのものはかためて貼っていきます。最後に参加者から出たすべてのアイデアを俯瞰して追加のアイデアや対策の洗い出しをします。最後に写真を撮ってポストイットセッションを終了します。とても簡単に案の洗い出しができます。備品として「ポストイット・マジック・セロハンテープ」一式をビニール袋に入れたものを「ポストイット・キット」と呼んで準備していました。

　また業務改善チームのメンバーにはホワイトボードの使い方はマストで身につける必須項目として教育していました。

　ホワイトボードは「ファシリテーター」にとってとても効果のある武器です。ファシリテーション・スキルを活用して議事の進行を行ない、ホワイトボードを使って議論の見える化をすると鬼に金棒です。ホワイトボードは議論が空中戦になるのを防止し、議論を見える化できます。議論が空中戦になると、議論があちこち飛んだり、繰り返しの議論も多くなったりします。

　基本的な使い方ですが、左上には会議の目的やゴールを会議が始まる前に書いておきます。真ん中には会議での発言内容を記載します。最後に右側に会議で決定したことをアクションプラン（何を誰がいつまでに）で記載します。

◎ホワイトボードの使い方

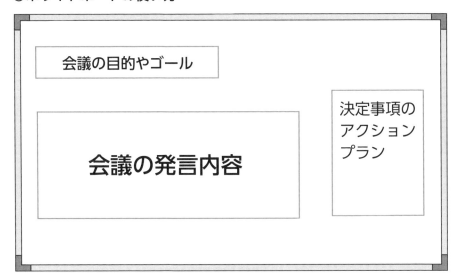

　ホワイトボードを使うと、現在の議論すべき所が明確なので発言があちこちに飛ぶということは少なくなります。また発言された意見は記載

されているので、似たような発言も減り、議論の道筋がよくわかり、会議の生産性も高まります。

　つまらないと思えるような意見も記載しておきます。空中戦だとそれは違う！　と議論になったり、意見を取り下げさせるための議論になったりしそうですが、とりあえず記載します。

　全体の案が出て俯瞰してみると、あまり価値が高くないので最後にホワイトボードから消される運命にあることが多いですが、とりあえずとりあげて全体の中で判断することが大事です。意見を言った人の気持ちにも配慮でき、枝葉末節な「それは違う！」「いや正しい！」という議論のムダな時間も短縮できます。

　最後に会議の結論とアクションプラン（何を誰がいつまでに）を記載し、写真を撮ります。

　写真を見れば会議の目的やゴール、議論した内容、会議の結論とアクションプランが簡単にわかり、写真を撮れば議事録の代わりにもなります。

　ファシリテーションはぜひ研修を受けて体得してください。リーダーとサブリーダーがファシリテーションを身につけているとすごい武器になります。

　ファシリテーションには会議やミーティングだけでなく、日頃の仕事やコミュニケーションの中で活かせるノウハウも多々あります。

●試験でグループディスカッションが行なわれる場合の注意点

　この項目の最後に、会議つながりで昇格試験や面接試験でグループディスカッションが行なわれる場合の注意点をお伝えします。

　そういったシチュエーションではまず課題が提示され、5〜6人でグループをつくります。そして司会者やタイムキーパーやホワイトボード

に板書する人など、各自の役割を決めてグループディスカッションが進むのが一般的です。

　このとき、ファシリテーションができる人が司会と板書もやると鬼に金棒です。司会で議論の進行をし、全体をコントロールし、参加者の意見を引き出し、板書で議論の見える化ができます。

　反対に、絶対やってはいけないのが、司会や発言に自信がないので自ら板書に立候補するというケースです。「板書をやります！」という自分の一生懸命さをアピールする姿勢は評価できます。

　ところがグループディスカッションが始まってみると他の人の意見を書くだけで手一杯になり、自分の意見はほとんど言えなくなります。それでも議論はどんどん進んでいきます。

　私は長年面接官をしていたのでわかるのですが、そうなってしまうと、その人がどんな意見を持った人なのか、面接官にほとんど伝わらないままグループディスカッションが終わってしまいます。結果、適切な意見を多く言った人と比較するとあまりにも意見が少ないので評価は低くなってしまいます。

　司会や発言に自信がないときは、絶対に板書に立候補してはいけません。それよりも自分の発言する内容をしっかり考えてください。

ステップ3

人が自律的に動き出す
業務改善の仕組みづくり

業務改善の真の目的は、人が自律的に動き出す強い組織をつくることでもあります。ステップ3では業務改善の推進者、リーダーが知っておくべき自律的に人が動き出す業務改善の進め方やテクニックを紹介します。

業務改善できる人を育てる＝
ムダのない組織が育つ

　ステップ２では業務改善を推進する人が何を身につけるべきかをご説明しました。ステップ３では、業務改善の具体的な進め方についてお伝えします。誰もが自然と効率的なやり方を身につける仕組みができれば、組織のムダがどんどん省かれていきます。そのためには標準化を進めていくことが大切です。

　私が勤務していたスーパーマーケットチェーンで本部長に着任したとき、「入社式の式次第をください」と頼んだら膨大な資料が来たということがありました。全30枚、インデックスつきのフォルダーに入った資料です。「えー！」と驚いたのですが、どうやら、こういうことのようでした。

◎指示の降り方

入社式の式次第をください（本部長）
今日、本部長から入社式の式次第を頼まれたからよろしくね（部長）
本部長から頼まれた仕事だから、きちんとやってね!!（課長）
ちゃんとやればいいんだな（担当者）

　担当者のところへは「きちんとやる」と指示が届いたことになります。「式次第をきちんとつくる」と理解した担当者は、1案目がダメだった場合2案目、2案目も本部長が気に入らなかった場合3案目と、1つの式次第に対して複数の案をつくり、たくさんの資料を参照できるようにしたようです。

　これはそもそも私が、「式次第を1枚でください」などと、ステップ2で紹介した「仕事を指示するときの8つのキーワード」を使って具体的に伝えば避けられた事態であり、「自分の曖昧な指示がまずかった！」と、とても後悔した事例です。

◎ムダな保険仕事はこうして発生する

本部長 ➡ 部長
「入社式の式次第をください」

部長 ➡ 課長
「今日、本部長から入社式の
式次第を頼まれたから
よろしくね」

課長 ➡ 担当者
「本部長から頼まれた仕事だから、
きちんとやってね!!」

(保険　本部長に認められたい・怒られたくない)

本当は1枚で
よかったのに
(本部長談)

フォルダー・インデックスつき
30ページの膨大な資料

世の中の2通りの評価

・この担当者はスゴイ！
　よく気がまわる

・これは時間とお金のムダ！

指示の仕方が
まずかったと深く反省

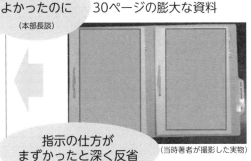

(当時著者が撮影した実物)

過剰品質の仕事・保険仕事　×　適正品質の仕事　○

しかし、企業内に「適正品質よりも気配りをする仕事が大事だ」とい
う「保険仕事」というムダを許す組織風土があれば、どんなに具体的な
指示をしても、人は保険仕事、ムダな仕事をしてしまうのです。

　上長の指示が曖昧な場合は、現場の担当者から確認するようにしたい
ところです。しかし、これはなかなか難しいかもしれません。部下から
上司は聞きにくいという場面も多くあります。また、どれがムダでどれ
がムダ出ないのか、担当者レベルでは判断できないケースもあります。
　この場合のムダを省くには、「業務のブレイクダウン」と「仕事を指
示するときの８つのキーワード」の「標準化」が重要です。私が教育担
当のときはこれらについては、階層別の教育プログラムの中に標準カリ
キュラムとして組み込んでいました。「標準化」したものについては未
来にバトンをつないで渡す必要があります。標準化したものをいかに維
持・継続していくかというのも大事な仕組みです。

標準化で業務改善を進めるときの手順

　ここで、どのように標準化を進めるかという、標準化の手順について説明いたします。

◎標準化の手順「10のチェックポイント」

10のチェックポイント	チェック
1．仮説・検証し→徹底・標準化するテーマを決定する	
2．徹底・標準化レベルを決定する	
3．ご利益をわかりやすく説明し共有化する	
4．徹底するためのマネジメントフロー・役割分担を決める	
5．わかりやすいマニュアルを作成し、教育・共有化する	
6．縦串で実施の指示をする	
7．現場で実施する	
8．縦串・横串で実施状況をチェックする	
9．週次・月次で進捗状況をチェックする	
10．改善提案→マニュアルを改訂する	

　この「標準化の手順」をきちんと押さえて業務改善を行なった課題は、標準化が徹底できました。この手順は、会社の大事な経営資源をしっかり使って徹底します。もちろん進捗状況も組織を上げて確認します。言い換えれば、経営資源をしっかり使うからこそすみずみまで徹底できるとも言えます。何かの仕組みを現場で徹底するときは、この表で

抜け漏れがないか確認することで成功率が高まります。

　ただし欠点もあります。
　この「標準化の手順」は、パワーがかかりすぎるということです。この方法をやみくもにやると他部署や現場からは多くの不満が出るでしょう。したがって、会社の大事な施策に限定し、数を絞って実施することが重要です。そうすれば、とても効果があります。
　それでは、そこまでのパワーをかけられない課題についてはどうするかというと、手順を絞り込んで行なうことになります。
　部署レベルなどで通常の業務改善を実施する場合は、「1．仮説・検証し→徹底・標準化するテーマを決定する」から「7．現場で実施する」まで がメインの柱になります。「8．縦櫛・横串で実施状況をチェックする」や「9．週次・月次で進捗状況をチェックする」は自部署で実施します。

　それでは標準化の手順についてポイントを説明します。

①　仮説・検証し→徹底・標準化するテーマを決定する

　徹底・標準化するテーマについては、ベストプラクティスは何かを必ず確認します。
　それがベストプラクティスでない場合にはどこに違いがあるか分析し、類似点や相違点、残っている課題を明確にしてベンチマークしておきます。ベストプラクティスを知らない場合は、頭のどこかで記憶しておき、執念深く、ずっとベストプラクティスを探すことをお勧めします。

　また標準化するノウハウ、手法は必ず現場で仮説・検証して効果があったものに限定すべきで、机上論は絶対に持ち込んではいけません。業

務改善で一番失敗するのが、机上論です。特に頭のいい人、現場を知らない人が改善案を作成すると机上論になりがちです。

　頭のいい人、現場を知らない人は「こうすればこうなるはずだ」という思い込みや、深く考えないで対策ジャンプした案を提案することがあります。

　問題は、それを現場で実験して効果があったのかどうか、実際に本当に検証したのかということです。

　効果を検証しているのなら全く問題はありませんが、実際は検証せず提案されている場合も多くあります。それでは導入されるほうも「それで効果があるのか」という疑念を持ってしまいますし、受容度も低くなり、改善効果は期待できません。標準化するノウハウや手法は、必ず現場で仮説・検証して効果があったものに限定すべきです。

　ところが、現場で実験して検証できないケースもあります。たとえばお金を使って全くこの世の中にないものをつくるような場合です。このときにどうするかは、こうしたときの見極め方を持っておくこともとても大切です。

　そんなとき私がどうしていたかというと、「現場主義の達人」に確認するということをしていました。私の同僚に現場主義バリバリのS主任とY主任という2人がいました。私はいつも2人に実施したい案を提示し、現場に必要かどうか、現場で使えるかどうか、確認しました。現場を動かしている現場大好きの親分肌の2人です。机上論は大嫌いです。現場で役に立たないものや机上論・効果が出ないものは、一発で跳ね返されます。

　2人が「あると便利だ」と言ったものは導入を決定しました。意見によって導入を止めたり、変更したりしたこともあります。

　こう書くと、何も検証せずに現場の同僚の話を鵜呑みにしていると思うかもしれませんが、それは違います。長年トライ&エラーを繰り返す中で、彼らの「現場力」に間違いはないと証明されていたがゆえに、現

場視点の率直な意見をもらっていたのです。読者の皆さんの会社にも、「現場仕事についてずば抜けて理解が深い」「選択に間違いがない」という人がいるはずです。そういう人の判断は、検証できないものについては非常に役に立ちます。

② 徹底・標準化レベルを決定する

標準化するときに意外と抜けがちなのが、ゴールのできばえイメージです。これは人によって千差万別になってしまうので明確にしておく必要があります。

たとえば、作業計画表は1割のお店で作成できればよいと考える場合と最低でも5割のお店でできるようにしたいと考える場合と、全店全部門で100%できるようにする場合とでは、採用する手法と導入方法も根本的に違ってきます。人によってゴールがバラバラにならないように、徹底・標準化するレベルをよく議論し、明確にし、共有しておく必要があります。

③ ご利益をわかりやすく説明し共有化する

標準化がうまくいかない場合に一番よくあるパターンとして、「ご利益が明確に記載されていない」ことがあげられます。「ご利益」とは効果、メリット、ベネフィットなどと呼ばれるものです。

効果が何かありそうだ、でも期待効果が数値化できないというケースで、標準化の失敗がよく発生します。標準化の仕組みを導入して定着させるためには、コストがかかります。期待効果とコストについては試算してでも定量化しておく必要があります。

また、もう1つのよくあるうまくいかないパターンが、「これを導入すると、会社にはかくかくしかじかのメリットがあります。ぜひ皆さん、頑張ってやりましょう」という説明です。

ん？ 何か違和感を覚えませんか？ そうです。会社のご利益は説明

されていますが、現場の従業員へのご利益が説明されていません。これでは「会社にメリットはあっても、現場の私たちには何もないの？」と誤解されてしまいます。現場を知らない机上論型のスタッフが陥りやすい書類の書き方です。

　導入して効果を出すのは、現場です。最初に現場のご利益をわかりやすく説明して、納得していただく必要があります。現場に納得・需要されてから会社のご利益を説明するのが手順です。

④　徹底するためのマネジメントフロー・役割分担を決める

　全社にわたる課題を自部署だけで導入・徹底するのは、難しい場合も多々あります。当然、旗振り役はするにしても、それ以外の役割を他部署にお願いする場合もあります。そのときに役立つのが前述のアクションプラン(何を、どの部署が、いつまでに)です。

　アクションプランを使い、プロジェクトのマネジメントフローと役割分担を明確にし、会社の重要な会議体で意思決定してもらう必要があります。

　特に現場の店長を統括する販売部長の理解とコ・ワークがとても重要です。メリット・デメリット・リスク・対応策を共有化しておきます。

　また、場合によっては、いろいろなことが起こっても、きちんと臨機応変に対応できるように組織を超えて結成したコントロールタワーを設置しておく必要もあります。

⑤　わかりやすいマニュアルを作成し、教育・共有化する

　実際にやろうとすると、とても難しいのがマニュアルの作成です。具体的でわかりやすいマニュアルがないと現場では再現できません。私が経験したケースでは幸いなことに、教育マニュアルをつくるときにマニュアル作成の専門家、工藤正彦氏からノウハウを学んだ人材が多く育っていました。ですから誰がつくっても同じ精度のマニュアルが作成でき

るようになりました。そうでない場合はどうすればいいのかと言えば、マニュアルのつくり方の基本を学ぶことをおすすめします。マニュアルのつくり方については後述いたします。

⑥　縦串で実施の指示をする

　全店を対象に標準化を行なう場合は、部門長（スーパーで言えば販売本部長など）が主催するリーダー会議（スーパーの場合は店長会議や部門責任者会議など）を通じて、作成したマニュアルを使用し、具体的に説明し、手順を共有化します。会議に参加した人全員に、目的・手順・効果について共有化することができます。

⑦　現場で実施する

　実際に現場で実行するときは、現場で働くメンバーへの教育が一番重要です。このときに役に立つのがわかりやすいマニュアルです。店幹部ミーティングや全体朝礼・部門朝礼を通じて目的・手順・効果について共有化します

⑧　縦串・横串で実施状況をチェックする

　実施状況については、組織の縦串のライン（スーパーの場合は販売部長・店長・部門責任者のライン）と横串のライン（スーパーではスーパーバイザー（SV）やトレーナーの部門）で、全社の進捗状況を確認します。部署単位の通常の業務改善を実施する場合は、自部署で実施します。

⑨　週次・月次で進捗状況をチェックする

　案件によっては、週次・月次で時系列で進捗状況を確認します。

⑩　改善提案→マニュアルを改訂する

　現場からいろいろな改善案が提案される場合も多いので、現場の声を
きちんと受け止めて標準化案と比較して効果検証を行ないます。変更し
たほうがよい場合は、マニュアルを改訂し変更案を通知します。

　以上が標準化の手順のポイントです。私の経験でもこの手順をきちん
と押さえて業務改善を行なった課題は、標準化が徹底できました。会社
全体の組織が一丸となって取り組むので、とても効果があります。

　ただし前述したように注意点もあります。
　それは、この手順は、パワーがかかりすぎるという点です。会社の大
事な施策を徹底する場合に限定し、実施する数を絞り込んで実施する必
要があります。
　また、組織をあげて標準化したものは、時が経ち人が変われば、いつ
かくずれるリスクもあります。ある意味で、組織をあげて、人手を使っ
て、執念で、徹底した側面があるからです。
　何十年にわたって、何度も同じ領域の仕事に携わった経験から、せっ
かく標準化したのに、それがくずれるということを何回も経験しまし
た。
　「標準化したものが、くずれることにどう対処したか」については、
後ほど記載いたします。

チェーンマネジメントの業務改善の仕組みづくり

　私は過去、いろいろな業務改善をして標準化を推進してきましたが、店舗数や事業所数が多い会社のチェーンマネジメントの事例についていくつかご紹介します。

◎業務改善の8領域

雇用契約管理	教育	シフト管理	作業割当	勤務確定	要員配置	人件費管理	労務管理

　上の表は、人を採用し、教育し、人をいかに有効的に活用するかという「業務改善の8領域」で、どこの会社も共通して存在しています。また、ある程度、課題が共通していることも特徴です。

　たとえば雇用契約管理の場合、定められた期間内に契約更改し雇用契約書をきちんとお渡しする必要があります。また、きちんと労務管理されているかどうか実態を調査し状況を評価する必要があります。

　現場教育の立場では、採用した人をいかに早期戦力化するかという教育の仕組みも大切です。

　現場ではシフト管理や作業割当については、紙に書いたりエクセルで管理表をつくったりして部門責任者が頭を悩ませています。いまの効率が悪く、もっと簡単にできるツールはないのか？　と感じている人も多いはずです。

　人事の立場では、会社の経営資源である人の要員配置をどうすべきな

のか、人件費管理をどうすべきなのかなどの課題も山積みです。この領域は、いろいろな人がいろいろなやり方をしてしまうと膨大なムダが一気に発生してしまう領域でもあります。

　ところが、この一連の領域に関わる業務や作業手順の標準化は、なかなかうまくいきません。現場の立場、人事の立場、業務改善の立場で、重視している視点や仕事の優先順位が違うので、全社的な業務改善が進みにくいという特性を持っているからです。

　だからこそ、会社全体の整合性をとって標準化する必要があります。

●多くのお店があり、多くの従業員が働いている企業の課題

　私が長年勤務していたのはスーパーマーケットチェーンです。スーパーのようなチェーンストアでは、多くのお店で、多くの従業員が働いています。

　多店舗経営で、11店以上経営している流通業のことをチェーンストアと言います。アメリカで生まれた経営手法で、日本に伝わったのは1960年代です。企業活動を本部へ集中させ、店舗の現場ではオペレーションに専念することにより経営効率を上げます。企画は本部で、オペレーションは現場という役割分担です。

　チェーン経営の最大の強みは、店舗を数多く出店することによって、容易に規模の拡大ができる点です。しかし一方で、規模の拡大によって店舗間のバラつきがどんどん広がっていきます。これが、チェーン経営の最大の弱点です。チェーン経営では、誰でも、簡単に、マネジメントができ、成果が生まれる仕組みが必要になります。

　次ページから、チェーンマネジメントの仕組みについていくつか事例をご紹介します。皆さんの仕事とは直接関係ないかもしれませんが、皆さんの業務改善の参考になれば幸いです。

自学自習できる早期戦力化の仕組み

　私が勤めていたスーパーマーケットチェーンでは、常時パートさんが約2万人勤務していて、年間数千人単位で入れ替わるため、現場の教育が大変でした。

　また、首都圏では日本人の採用も困難で、かなりの数の外国人を採用していました。ところが日本と外国の文化や伝統の違いから問題が出てきました。

　多かったのが日本式阿吽の呼吸の教育方法の弊害です。

　「できるようになったら次を教える」というやり方を外国の人にすると、「それは契約にない仕事だから賃金を上げてほしい」と言われる事態が多発したのです。

　日本以外の多くの国では、「この仕事をするからこの賃金」という職能ごとの契約が普通です。一方の日本では簡単なことから教え、慣れたら適性を見て次の仕事を教えることがよくあります。しかし、このやり方は日本でしか通用しません。

　日本人のパートさんにも外国人のパートさんにもスムーズに業務を進めてもらうには、最初に、マスターすべき仕事と必要な期間、その仕事の賃金を説明する必要があります。

　そこで開発したのが、身につけてほしい仕事の一覧表をつくり、自学自習して早期に戦力化する仕組みでした。

　具体的には、次のようなものをつくりました。

1．教育の仕方を標準化し、教育プログラムをつくる

2．身につけてほしい仕事の一覧表（習得管理表）を作成する

3．自学自習できる教育マニュアルをつくる
4．自学自習の度合いを見極める仕組みをつくる
5．マンパワーを見える化する

◎自学自習できる早期戦力化の仕組み

```
┌─────────────────────────────┐
│      1．教育プログラム        │
│        ・教育の仕方           │
│        ・教育の手引き         │
│        ・学習の手引き         │
└─────────────────────────────┘

┌──────────────────┐  ┌──────────────────────┐
│  2．習得管理表     │  │ 3．自学自習できるマニュアル │
│ マスターすべき仕事の一覧表 │  │     テキスト・動画      │
└──────────────────┘  └──────────────────────┘

      ┌──────────────────┐
      │  4．見極めの仕組み  │
      └──────────────────┘

      ┌──────────────────────┐
      │  5．マンパワーの見える化 │
      └──────────────────────┘
```

またこの仕組みを支える教育ツールは次の6種類をつくりました。

◎仕組みを支える教育ツール

1．習得管理表：覚える仕事を一覧にしたもの
2．教育マニュアル（教育担当者用）：新人教育の仕方を標準化したもの
3．学習の手引き（新人用）：学習の進め方を標準化したもの
4．自学自習テキスト：自学自習できるテキスト
5．トレーニングカルテ：習得状況の相互確認・見極め表
6．マンパワーカルテ：マンパワーを見える化するもの

次の項目から、それぞれのツールについて説明します。

1.「習得管理表」のつくり方

　「習得管理表」には、これから覚える仕事の項目が記載されています。これがあると習得すべきことと習得期間を、入社時に事前に提示できます。

◎習得管理表フォーマット

習得管理票表	レベル1　入社3カ月以内　基本知識を理解している。基本作業が1人でできる
	レベル2　入社6カ月以内　期待水準に応じた作業ができる
	レベル3　入社1年以内　　指定された管理業務ができる

分類	レベル1	レベル2	レベル3

　レベル1は、入社3カ月以内に学ぶ領域です。基本知識を理解している、基本作業が1人でできることなどをチェックします。

　レベル2は、入社6カ月以内に期待水準に応じた作業ができるかどうかを確認します。

　レベル3は、入社1年以内に指定された管理業務ができるかどうかが目安になります。

　たとえば、スーパーマーケットで発生する作業を整理すると、誰でもできる商品陳列などの単純作業や野菜の加工などの単純技能、日付管理などのある程度の経験が必要な管理作業、作業割当などの管理業務など、単純作業・単純技能・管理作業・管理業務の4つに分類されます。レベル1は単純作業・単純技能、レベル2は管理作業、レベル3は管理業務が想定されます。

　スーパーマーケットであれば、衛生管理という分類では、レベル1に「手洗いが正しくできる、アルコール消毒ができる、衛生管理チェックができる」などが入ります。たとえば鮮魚部門の仕事では「魚種別の盛りつけができる、塩水処理ができる、作業台や調理器具の清掃ができる」などが入るでしょう。

　このように、習得管理表をつくり、自社で発生する作業を整理し、レベル分けすることで、「誰が、どの程度の業務をこなせるのか」「こなせればよいのか」を教える側も教わる側も、全社員がスムーズに把握できます。

　はじめて習得管理表をつくるときは、チームメンバーでポストイット・セッションをして項目を洗い出します。

　発想の領域を広げ、多くのアイデアや疑問を集める必要があるからです。「ああでもない、こうでもない」と議論して習得管理表の項目を洗い出していきます。

　その過程で習得管理表とは何なのかを全員で共有化していきましょう。

そして、そのときの議論を基に、誰か1人が習得管理表のたたき台を
つくり、再度チームミーティングをしてブラッシュアップしていきま
す。

　最終的に、習得管理表に記載された単語は、教育マニュアルのタイト
ルになります。

　習得管理表の1項目について、教育マニュアルを1枚つくります。習
得管理表に50個の項目があれば、50個の教育マニュアルをつくること
になります。

◎習得管理表のつくり方

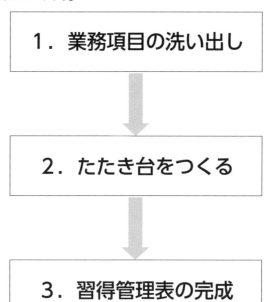

2. 「教育マニュアル」のつくり方

　業務改善の仕組み化にあたっての大きな課題の1つが、「標準化するためのマニュアルをどうやってつくるか」ということでした。

　いくら業務改善をしても、わかりやすいマニュアルがないとやり方がバラバラになり徹底度が落ちムダになります。つまり、業務改善はきちんとしたマニュアルがないと標準化できないということなのです。

　私が試行錯誤していた当時、会社にはすでに古い時代のものから最近のものまで、さまざまなマニュアルがありました。ただ作成した人の個性によってつくり方がまちまちでした。また、文章だけのものや写真つきのものなど体裁も千差万別でした。

　特に困ったのが、「わかりやすいマニュアル」と「わかりくにいマニュアル」があったことです。そこで何年もかかってマニュアルをどうやってつくったらいいのか、ベストプラクティスを探しました。そこで出会ったのがマニュアル作成の専門家、工藤正彦氏です。

　ただ、マニュアルをすべて外注して作成してもらうと、かなり高額の費用がかかります。困ったことにすべて外注してマニュアルをつくる予算がありません。

　そこでお願いしたのが、「予算がないので、すべて自分たちでマニュアルを作成します。ただ、つくり方がわからないので、5回に分けて教えてください」ということでした。

　5回というのは、マニュアルをつくるノウハウを学ぶのに1回、実際にマニュアルをつくり改善指導していただくのが3回、最後にできあがったものをブラッシュアップするのに1回でした。とんでもない申し出

にもかかわらず、快く了解していただきました。

●マニュアルの基本フォーマット

　そうして学び、私が用意したのが次のような基本フォーマットです。
上述の工藤氏のマニュアルの基礎となるものでもあります。

◎マニュアルの基本フォーマット

業務名	作業名	発生時期

目　的		標準時間
達成基準		
用　具		

《全体の注意点・ポイント》

	ステップ	手順・ポイント
1		
2		
3		
4		
5		
6		

『業務マニュアルのつくり方』工藤正彦著（日本実業出版社）より引用

　このフォーマットを使用しマニュアルを作成します。全体像を示すなどのステップが必要ないときは、ステップの欄を削除します。

　用紙の大半が白紙フォーマットになります。また自社で必要ない項目はカットしたり、社内で使われているなじみのある言葉に変更したりしました。

● マニュアルをつくるときの2つの原則

　マニュアルをつくるときには2つの原則があります。

　1つは「再現性」、もう1つは「具体性」です。

　マニュアルを読んで、はじめての人がその通りに「再現」できるか、何をどのような手順でどうすべきか「具体的」にできるかということです。

　確かに過去からあったマニュアルでわかりやすかったものは、具体的で再現することができました。一方、わかりにくいものは抽象的で概念的でした。

　特に多かったのが、「きちんとする」というような概念的な表現でした。これでは読んだ人の価値観で仕事をしてしまい標準化することができません。

　数値が決まっていない場合、「きちんとする」という曖昧な表現を使うことが多いので、標準化するためには数値で表現する必要があります。

　たとえばスーパーの店頭にお買物カゴが積んである場合に、「きちんとした高さにする」では具体的な指示、具体的なマニュアルにはならないのです。そうではなく「高さは〇.〇メートル以内とする」というように誰でもわかる数字で示す必要があります。

　また教育マニュアルをつくるときにこだわったのが次の3点です。

◎マニュアル作成のポイント

① ステップは写真を使用し、手順や動作の流れを具体的に見せる
② ステップはわかりやすくするために、場面ごとに分解する
③ 手順やポイントは数値化する・できない場合はできるだけ具体的に示す

まずは半年かけて1部門のマニュアルを作成しました。

その貴重なマニュアルをメンバー全員でお手本にして、2年間かけて全部門の教育マニュアルを作成しました。それ以降も数多くのマニュアルを作成しましたが、マニュアルの基本フォーマットは前掲の1枚だけ。たったこれ1枚ですべてのマニュアルが作成できたのにはとても驚きました。また、システム画面の操作マニュアルも同じ手法で作成することができました。

当時はエクセルで作成しましたが、パワーポイントのソフトが入ってからは、パワーポイントで作成しました。パワーポイントはエクセルに比べて行挿入・行削除や改ページが非常に簡単でとても便利です。

自分たちで作成して、結果としてよかったことは次の2つです。
1. 自分たちでマニュアルをつくれるようになった
2. 自分たちでマニュアルを改訂できるようになった

ツール3

3．「学習の手引き」のつくり方

　「学習の手引き」は、新人のパートさんが教育を受けるにあたっての心構えを記載したものです。

　教育をするときは、一般的には「先生」と「生徒」の関係になります。入社してきた新人のパートさんを教育するのは先輩のパートさんたちです。しかし同じパートさんであり「先生」と「生徒」ではありません。入社が早いか遅いかの違いだけです。そのため「挨拶はきちんとしましょう」とか「メモをとりましょう」とか先生のような発言はなかなかできません。先輩のパートさんたちが教育するときに説明しにくいことを、「学習の手引き」が「先生」の立場になって説明してくれるのです。

　たとえば次のような、教育を受けるにあたっての心構えを説明しています。

◎教育を受けるにあたっての心構え

① 挨拶はきちんとします

　トレーニングの始めには「よろしくお願いいたします」

　終わりには「ありがとうございました」と言いましょう。

② メモをとります

　ただ聞いているだけでは、忘れてしまうことが多いものです。メモをとる癖を身につけてください。

③　質問をします

　わからないことはどんどん質問するようにしましょう。

④　態度を明確にします

　わかったらうなずき、わからなければ質問するというように、理解したかどうかはっきりと教育担当者に伝えることが大切です。

⑤　どんどん相談します

　わからないことがあったら、遠慮せず教育責任者に相談しましょう。

●「接客は正社員の仕事じゃないんですか？」

　あるパートさんたちの研修の場で、接客の大事さをお話ししたら、パートさんから「接客は正社員の仕事じゃないんですか？」と質問されて愕然としたことがあります。

　スーパーの店頭の仕事の目的は、お客様に喜んでもらうこと。つまり接客が何より大切であり、商品の補充はお客様に喜んでいただく手段の１つに過ぎません。

　一般に、正社員は入社以来、何年もずっと「接客は仕事の中でとても大切なこと」と教えられています。スーパーであれば「接客の大事さ」を訓練され続けています。しかしパート・アルバイトさんは、そういうふうに仕事の中でいちばん大切なことを教わる機会が少ないのです。

　私に質問したパートさんも、教わっていないのだから接客の大事さを理解していなくて当然です。このような質問をされてこの問題をはじめて知り愕然としました。

　この経験からも、私はマニュアルのつくり方が本当に大切だと改めて感じました。一般の作業マニュアルのように、いきなり作業の仕方を教育してはいけないと痛感したのです。

　そこで、私は全部門のマニュアルの冒頭に、接客の基本を追加しました。つまり、**大事なことから順に書く**のです。

　お客様から見たら、店頭に立つ人はお店の代表者です。お客様にきちんと応対して喜んでいただくことが私たちの大事な仕事です。

◎マニュアルには大事なことから書く

　その次に大事なのが仕事です。お客様から何か聞かれたら、仕事を中断してもきちんと応対します。困っているお客様はすぐお助けします。できない場合はすみやかに引き継ぎます……などの事例を入れました。

4．「教育の手引き」のつくり方

　「教育の手引き」は、先輩パートさんのための「教え方マニュアル」です。現場では先輩のパートさんが新人の教育をすることがよくあります。しかし大抵のパートさんは教育をすることに慣れてはいません。そのため、教え方を標準化する必要がありました。

　そこで、新人教育の際に共通して大切なことをまとめることにしました。

・はじめの１週間の教育の重要性

　皆さんがはじめて入社したときのことを思い出してください。「自分にできるだろうか」「職場の人とうまくやっていけるだろうか」と不安で一杯だったはずです。

　また、小売りでは一般的に、多くの人が１週間以内にやめていると言われます。きちんとした教育がされないことによる不満や、期待されていないと感じてやめられることは避けなければなりません。

　つまり、１週間の導入教育で、よい職場をえらんだ、私もしっかりやらなければと感じてもらえれば、導入教育は成功と言えます。

　入社時の不安を早く取りのぞいてあげ、少しでも「私にでもできそう」という自信をつけてあげることが非常に大切です。

・プロ意識を伝える

　パート、アルバイトといえども、プロ意識を持っていただくことが非常に重要です。私たちは常にお客様から見られており、お客様から見れ

ば、1人1人がお店の代表者です。給料はお客様からいただいているとも言えます。そのような意識を明文化して伝えるようにしました。

・身だしなみやルール違反についても明記

はじめの1週間は、身だしなみやルール違反を正す最適の機会です。というより、基本的な事柄こそこの時点で指導し改善しておかないと、後では改善できません。そこで、これらの事柄については何を指摘し、どのように指導するかを明確にしました。

ちなみに、教え方の5つの基本も「教育の手引き」で明確にしました。次のようなことです。

◎教え方の5つの基本

① 相手の目線で教育します。どんどん質問できる機会をつくります

② 相手の理解のペースにあわせて教育します

③ 理解したこと・理解できないことを確認します。項目ごとに反応をよく見て確認します

④ 全体から→詳細へと大きな流れを押さえてから小さな手順を教えます。最後にまとめと注意点を説明します

⑤ 具体的な事例で説明するとよりわかりやすくなります

5. 「トレーニングカルテ」と 「マンパワーカルテ」のつくり方

次に掲げるのが、新人さん用のトレーニングカルテの見本です。

◎トレーニングカルテのフォーマット

| トレーニングカルテ | | | | 氏名 | | | | |

できるようになったら○をつけてください

				本人チェック(○)			見極め合格(○)
				1カ月	1カ月	1カ月	
レベル1	◆◆◆◆	1	×××××××××××××ができる	○	○		○
		2	●●●●●●●ができる	○	○		○
		3	◇◇◇ができる	○	○		○
		4	△△△△△ができる		○		○
	○○○○	5	××××××××××ができる		○		
		6	×××××ができる				
		7	××××××××ができる				
		8	××××××××××××ができる				
レベル2	■■■■	9	●●●●●●●ができる				
		10	◇◇◇ができる				
		11	△△△△△ができる				
		12	××××××××××ができる				
		13	×××××ができる				
	□□	14	◇◇◇ができる				
		15	△△△△△ができる				
		16	××××××××××ができる				

入社してから、ひとりだちできるまでの間に使います。

習得すべき項目がレベル1～3で記載されています。

このカルテを見れば自分が何をマスターしなければならないのかわか

ります。入社時に渡し、仕事中は携帯してもらいます。

　それぞれの業務を自信を持ってできるようになったら、本人チェックの上、見極めをしてもらいます。見極め者は部門責任者が決定します。

　トレーニングの状況を見える化しているのが、トレーニングカルテです。

● マンパワーの見える化

　人を採用し、定着させ、早期戦力化するためには、「マンパワーの見える化」がとても大切です。

　マンパワーの見える化とは、現場で働く従業員がどのようなスキルを持っているかを定量化したものです。

　そのときに使用するのがマンパワーカルテです。

　半期に1回、現状のマンパワーがどうなのかマンパワーカルテを活用して、現状のマンパワーの見極めをします。そこで「教育ニーズの見える化」をし、次の半期で計画的にＯＪＴを進めます。全社の従業員の「マンパワーの定量化」と「教育ニーズの見える化」ができます。

　個人別のマンパワーカルテは、縦にレベルごとの習得すべきスキルが入っており、個人別にできているかどうか見極めます。

　個人別を部門別にまとめたものが部門別のマンパワーカルテです。横にレベルごとの習得すべきスキル、縦に個人別にできているかどうか記載されています。

　全社のマンパワーカルテは同じ売上規模別に、部門のマンパワーをまとめたものです。

　たとえば、刺身の加工ができる人は、店別に何人いて全社で何人だと、数値で「マンパワーの定量化」ができます。

　全社で刺身加工できる人を何人つくろうという目標を設定すると、今年、何人育成が必要か「教育ニーズの見える化」ができます。

　また同じ売上規模の店舗で比較すると、店別に従教員の育成状況のバ

ラツキを確認でき、不足しているスキルと人数がわかります。例えば、売価チェックをできる人、同じ売上規模の店だと○人だが、うちは△人足りない、教育が必要だとかわかります。

　ポイントは「マンパワーの定量化」と「教育ニーズの見える化」です。これをいかに仕組みとして進めるかが大事な課題になります。これを手作業で集計するのは大変です。規模が大きくなるとシステムで自動集計する必要があります。

◎マンパワーカルテのフォーマット

個人別

習得すべきスキル	習得度
○○ができる	○
○○を知っている	×
××を操作できる	○
	○
	×
	×
⋮	⋮

部門別

名前	スキル1	スキル2	スキル3
西野紳哉	○	○	△
山田聖子	△	○	△
工藤正彦	○	×	○
⋮	⋮	⋮	⋮

● トレーニングカルテとマンパワーカルテの違い

　トレーニングカルテは教育する項目の一覧表で、トレーニング状況の見える化をしています。たとえばエクセルの初級は、計算式が入力できる、図を挿入できる、中級は関数を使った計算式入力ができるなどです。学ぶ項目すべてを細かい単位で記載します。1つ1つは違う技術であり、別々に学ぶ必要があるからです。

　仕事を教育するときは、トレーニングカルテを使用し、仕事の単位で細かく教育します。トレーニングの種類によってその数だけ必要です。トレーニング項目の抜け漏れを防ぐのとどれだけ身についたかの進捗状況を確認するのが目的です。

　マンパワーカルテは、仕事をする上でのその人が持っているスキルの一覧表です。エクセルの場合ですと、初級・中級・上級・特級などその人の持っているスキルのレベルを示しています。

　人材育成をするときはマンパワーカルテを使用し、不足しているスキルを明確にし、トレーニングします。記載項目はトレーニングカルテよりもはるかに少ない項目になります。

人時売上の基礎知識

　会社には多くの従業員が働いています。ところで皆さん、従業員の人手が有効に活用されているかどうか簡単にわかりますか？

　実は、私達が気づかないものの1つに「人のムダ使い」があります。これは、人を馬車馬のようにこき使おうなどという意味では決してありません。

　人手が足らないときは仕事が急に忙しくなり、かなりの負担が発生するので、誰もが人手が足りないとわかります。「人手が足らないので人を増やしてください」と責任者に言いにいくと思います。

　ところが、人手が多いときはどうでしょうか？　「なんだか今日は人手がいつもより多いので、ゆったり仕事ができる」と感じるでしょう。そしてそれで終わりです。

　つまり管理者は人手が足らないと誰もが忙しいので簡単にわかりますが、人手が多いと気づかない場合が多く、ムダな人件費が使われることがとても多いのです。

　適正な人手ではなく、過剰な人手が投入されたときに、「人のムダ使い」が生まれます。これを防止するのが人時売上マネジメントです。

　人時売上マネジメントとは、しなければならない仕事量に見合った、適正な人手を投入する手法のことです。そのときに使われる指標がMH（Man Hour、マンアワー）です。

◎人のムダ使いを見える化する

私たちが気がつきにくい「人のムダ使い」

⇒人時売上のバラツキで見える化

人時売上にバラツキがあるときの
MH不足、MH過剰の対応の仕組み

MH（Man Hour）マンアワーとは人時（人・時間）のことです。

　2人で10時間する仕事は20MH、5人で4時間の場合も20MHです。
のべの作業時間を示しています。

◎MH（マンアワー）とは？

・MH（Man Hour、マンアワー）

・人時（人・時間）、のべ作業時間のこと

・2人で10時間＝20MH、5人で4時間 ＝ 20MH

　人時売上は、売上をMHで割ったものです。1MHあたりの売上を示
しています。ある日の売上が1,000千円、そのときの出勤MHが50MH
なら、人時売上は1,000千円÷50MH＝20,000円になります。1MHあ
たり、20,000円の売上をつくっていることになります。

$$人時売上 = \frac{売上}{MH}$$

　1時間あたりのレジ登録客数、1時間あたりの補充ケース数や1時間
あたりの陳列個数などは、作業のRE基準と言われるものです。

　RE基準とはReasonable　Expectancyの略で、「妥当な期待値」と

いう意味です。

　作業のRE基準は、作業をするのに必要なMHを計算するときに活用されます。入荷商品のケース数が300ケースの場合、1時間あたりの補充RE基準が50ケースだとしたら、必要MHは300÷50で6MHと計算できます。MHのRE基準に相当するもので、ある売上のときの必要なMHを計算する際に使用されます。

◎RE基準の考え方

1時間あたりのレジ登録客数 1時間あたりの補充ケース数 1時間あたりの陳列個数　など	人時売上
⬇	⬇
作業のRE基準	**MHのRE基準**
Reasonable Expectancy （妥当な期待値）	人時売上マネジメント体制 構築のはじめの一歩

●人時売上の活用

　人事売上の簡単で一番効果のある活用方法を説明します。

　明日の売上予算が、500千円、その部門の人時売上が20千円だとすると、明日の必要MHは500千円÷20千円で25MHになります。

　当日の出勤MHが30MHだとすると、MHの過不足は5.0MH過剰だと簡単にわかります。

　この5MHを無駄に使うのか、有効に使うのかは、マネージャーの腕次第です。

　人を上手に有効活用するためには、MHが多いときには他部門に応援に出したり、日頃できないクリンリネスや教育に時間をあてたり、やり繰り算段をします。

　逆にMHが足らないときには応援をもらったり、もらえない場合は作業の優先順位の組み替えなどが必要になります。

　現場ではいつも、部門別、日別、時間帯別に、必ずMHの不足と過剰が発生しています。

　つまり、MHが足らないときもあるけれど、MHがあまっているときもあるということです。問題は「MHがあまっていることにはなかなか気づかない」ということです。

　この「MHの過不足をどう見える化」して、「どのようにMHの過不足に対応するか」は、生産性向上を実現するための企業ノウハウになります。

　月間の勤務シフトをつくるときに、日別に作業量と出勤MHが合っているかどうか。明日の出勤者の中で部門別にMHの不足と過剰がないか？　時間帯別にMHの不足と過剰がないかどうか。

　MHの不足はないか、過剰はないかを判断するのに、人時売上は非常に重要な指標になります。

◎人時売上の活用　簡単で一番効果のある方法

明日の売上予算	500 千円
人時売上	20,000 円
必要MH	25.0MH
出勤MH	30.0MH
過不足	＋5.0MH

5MHを無駄に使うのか、有効に使うのかはマネージャーの腕次第

●人的生産性改革のはじめの一歩は人時売上で会話できる風土づくり

　人を上手に活用できているか、ムダがないかどうかの判断基準になる

のが、人時売上です。その価値観を全社で共有することが大切です。

　現場の部門責任者も店舗責任者も、スーパーで言えば商品部のバイヤーもお店を指導するスーパーバイザーも、すべての階層、職位を通じて「人時売上で会話できる風土」が不可欠です。そのためには、現場で人時売上を毎日のマネジメント指標として活用できるインフラ整備が重要になります。

◎ 現場で、売上とMHが簡単に確認できる仕組みが必要

事例：
人事売上マネジメントの考え方

　スーパーの店舗数は、1つのチェーンで数十店舗から数百店舗あります。コンビニは数千店あります。会社の大事な経営資源である社員・パートさんを店別・部門別に何人ずつ配置するかという要員配置はとても重要な課題です。

　要員配置の前年比がどうか、人件費比率がどうかなどは参考にはなりますが、どうしてもMHが多い店少ない店の不公平が出てきます。また、店別のサービスレベルの違いや省力化機械が入っている、入っていないなどの職場環境の違いも出てきます。

　1980年代は科学的に公平な要員配置をどうするかが大きな課題でした。当時お手本にしたのはアメリカで数千店舗を経営する有名なスーパーマーケットのマネジメント手法でした。いろいろなやり方がありますが1つの事例としてご紹介します。これは、そのスーパーマーケットのＩＥ部長、Mr.アイレラン氏から学んだ人時売上マネジメント手法です。

◎手法の概要

> 全店の売上とMをプロットし売上・MH回帰線を引く
> $Y = aX + b$　⇒　MH $= a \times$ 売上＋固定作業MH
> ハンディキャップMHを加味し、許容できる上限のラインと下限のラインを引き、店別MHのバラツキをその中に収斂させて改善していく

手法の名前はMIP（メソッド・オブ・インプルーブメント・プログラム）と言います。

◎売上とMHの相関関係

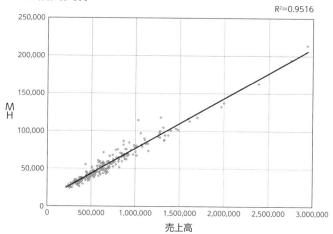

R²=0.9516

　チェーンストアは、標準的な仕事の仕方をしているので、店別のMHは売上高に比例します。

　MH＝ａ×売上＋固定作業MH

　同じ売上ならほぼ同じMHになるはずですが、実際はかなりのバラツキが出ます。このバラツキの改善が、宝の山の１つです。

・売上・MH回帰線

　実務的には、MH回帰線の上と下に上限許容線と下限許容線を引き、上と下にはみ出している店について、何か問題はないか個店ごとに調査し、改善していくことになります。上限許容線と下限許容線は会社の方針として決めます。

　上限許容線を超えている店は人時売上が異常に高いのでMHを投入します。

　下限許容線の下については人時売上が異常に低いので実態分析をし、対

◎売上・MH回帰線

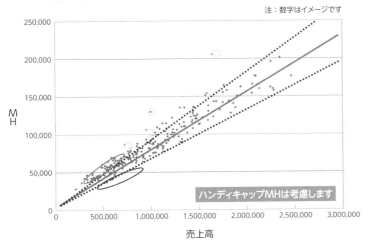

注：数字はイメージです

応策を立案し実行します。

　要員配置の見直しは、従業員との労働契約があるので、予算編成と労働契約の変更を連動させて全社的に進めていく必要があります。

　また店によっては物理的なハンディがある場合もあるので、そのような場合はハンディキャップMHをプラスしてあげる必要があります。

・ハンディキャップMH

標準店に比べて余分に人手がかかるものに設定します。

　具体的には、売場が1階で作業場は2階、エレベーターを使い動線が長い、自動でできる機械が導入されておらず、手作業で実施している、駐車場が遠く、カート回収にとても時間がかかる、などの場合です。

　標準店に比べて余分に人手がかかるものにハンディキャップMHを設定しました。いろいろなケースを設定し、決定します。

　これにより店舗間の環境の違いからくる不公平感をなくすことができました。

●人時売上の唯一の欠点

　いろいろと使い勝手のいい人時売上ですが、1つだけ欠点があります。

　下の左図のように横軸に売上高、縦軸にMHをとったMH回帰線の場合は、同じ回帰線上にある①と②と③のお店のMHは、それぞれ適正だと言えます。

◎人時売上の唯一の欠点

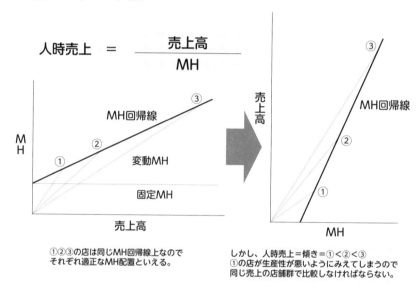

①②③の店は同じMH回帰線上なのでそれぞれ適正なMH配置といえる。

しかし、人時売上＝傾き＝①＜②＜③
①の店が生産性が悪いようにみえてしまうので同じ売上の店舗群で比較しなければならない。

　ところが売上高を縦軸に持ってきたときは、「人時売上＝売上高÷MH」なので、右のグラフのような傾きが出てきます。

　左のグラフでは①②③の店は、それぞれ適正なMH配置でしたが、右のグラフでは①や②の店は③のお店より効率が悪く見えてしまいます。

　これは、売上の小さいお店ほど固定作業MHの占める割合が高いためで、単純に人時売上で比較すると数値は見かけ上悪くなります。つまり人時売上を店別に比較するときは、同程度の売上の店舗群で比較する必要があります。

実際に太い線の枠で囲ったのが、同じ売上規模の店舗群です。

使用しているMHは多い店で13000MH、少ない店で6500MH、生産性としては2倍の違いが発生しています。

◎売上・MH回帰線

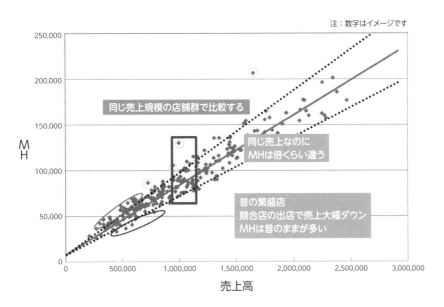

注：数字はイメージです

同じ売上規模の店舗群で比較する

同じ売上なのに
MHは倍くらい違う

昔の繁盛店
競合店の出店で売上大幅ダウン
MHは昔のままが多い

MH

売上高

昔の繁盛店だが、競合店の出店で売上は大幅ダウン、それでもMHは昔のままという店舗があります。そういうときは、会社全体のMHの公平配分の観点から、多い店から少ない店に再配分する必要があります。

このように、人時生産性を1つの指標として、店舗間のバラツキ是正をしていくことがとても大切です。

●人事売上の改善方法

人事売上の改善方法としては次のようなものがあります。

◎人事売上の改善方法

・部門別：人時売上の改善は商品部長・バイヤー・本社の仕事
　キーワード：店作業のカット・軽減

・店別：人時売上のバラツキ是正はエリア部長・スーパーバイザー
　　　　（ＳＶ）の仕事
　キーワード：バラツキを改善し続けること

　駅伝にたとえるとスピードダウンさせる人、現状維持する人、スピードアップする人、後半でペースを上げる人、などがチームのメンバーにいますが、全員で納得感を持って、ゴールを目指すということが、すなわち人時生産性の改善につながります。

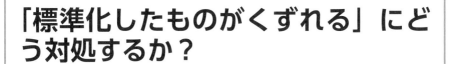

「標準化したものがくずれる」にどう対処するか？

　40年間繰り返し業務改善を担当して痛感したことがあります。

　それは、「人や組織が頑張って標準化したものは、時間が経てばいつの間にかくずれる」ということです。

　どうすればよいのでしょうか？

　当時の社長から

　「西野さんがいなくなると、どうして標準化したものがくずれるのですか？」

　と一言、聞かれたことがあります。

　内心「それは私の責任ですか？　後任のせいでは……」と、少しムッとしましたが、「どうしてくずれるのか？」を考えるきっかけにもなりました。

　当時、リーダーとして推進した業務改善の仕組みは、重要な方針として徹底してきました。しかし時間が経ち、人が変われば、方針や徹底事項はどんどん変わります。

　改善の標準化だけでは、本当の「仕組み」にはならないと痛感しました。

　未来に継続するための本当の仕組みとはなんなのでしょうか？

●作業計画表の作業手順がくずれることへの対処法

　「標準化した手順がくずれる」の例を1つあげます。

　次の図表は、当時のデイリー商品の陳列の標準オペレーションを示し

たものです。

◎当時の標準作業計画表ガイドライン（イメージ）

作業ライン	8:00 ～ 8:30 ～ 9:00 ～ 9:30 ～
A	準備 / 仕分け / キャリーバック / パン平台 / 片付 / パン平台 / 平台 / 片付 / BR整理
B	日付チェック値引 / POP取付・外 / 売値チェック / 清掃 / 補充
C	日付チェック値引 / POP / 補充 / 清掃 / 補充 / 片付
D	日付チェック値引 / POP取付・外 / 売値チェック / 清掃 / 補充 / 片付
E	日付チェック値引 / POP / 補充 / 清掃 / 補充
F	日付チェック値引 / 仕分け / POP / 売値チェック / 清掃 / 補充 / 片付

　デイリー商品とは、パンや牛乳、漬物などのことで、毎日店舗に配達される日配品という意味で、そう呼び習わしています。

　標準化した作業手順は、売場にあるデイリー商品の日付チェックをしてから、今日入荷した商品を補充するというものでした。

　ところがいつのまにか、標準を無視した好き勝手流の作業手順になってしまうのです。

　標準のやり方だと日付チェックが終わるまで売場はガラガラです。

　それがみっともないので、今日入荷した商品を追加補充して売場を満タンにして、ひとまず安心する。その後で日付チェックをするというやり方に変えてしまうということが起きがちでした。

　そのようなやり方をすると、今日入荷した商品の日付チェックもしなければならないというムダが多発します。また日付チェックする時間が遅れ、期限切れの商品を販売し、お客様にご迷惑をおかけしてしまうリスクも増大します。

　一時的に短絡的な安心感を得るために、わざと作業量を増やして、お客様にご迷惑をおかけするリスクを増やしている、とても悪い事例になります。

　しかし、何度標準化しても戻ってしまう。

　これを解決するには、「そうせざるをえないシステムにし、自動で働くようにする（自働化する）」しかないと私は考えました。

　つまり、「デイリー商品はこういう手順で品出しする」という手順、方針だけでは、結局守られなくなります。おそらく、出勤して「今日はデイリー商品の品出しをお願い」と言われただけだと、自分のやりやすい、安心するやり方を優先してしまうのでしょう。

　そうではなく、「8:00～8:30　日付チェック」「8:30～9:45　商品補充」とタイムテーブルをつくり、出勤したらそのタイムテーブルを毎朝確認できる、そんなシステムにすれば、守られるはずなのです。

　私は昔から、組織をあげて、人手を使って、徹底して、標準化を推進してきました。ある意味、執念で定着させてきたとも言えます。ただ、残念ながら、執念で定着したものはくずれてしまうことも経験しています。自分ももうすぐ会社を卒業する以上、自分がいなくなっても「自働で効果が出続けるシステムにして未来につなげたい！」という結論に達しました。これならば、システムを変更しない限り標準化が維持・継続されることになります。

　私は会社の規模も大きかったのでステップ4で紹介するワークスケジューリングプログラム（WSP）を開発し、自動化に対応しました。しかし、そこまでのことをしなくても、エクセルでタイムテーブルを作成、毎朝表示するなどのことは自分1人の力でも可能です。

　とにかく、「人に任せる」「標準化したものを守ることを信じる」だけではなく、「自動化できるようにする」ことを心がけてみてください。

困っている人の見分け方、わかりますか？

　ところで、皆さんは売場で困っているお客様の簡単な見分け方がわかりますか？　少し考えてみてください。

　……。

　正解は、「従業員に声をかけたお客様」です。

　「広告の商品がどこにあるかわからないんですけど」

　「トイレはどこ？」

　「この商品の食べ方・使い方がわからないんだけど」

　「すみません、自転車の鍵を落としたのですが」

　どうでしょうか？　困っていますよね？

　「なんだ、そんなこと」と思いましたか？

　しかし、従業員に声をかけたお客様は、困っているお客様なのは間違いないと感じていただけたのではないでしょうか？

　困っているお客様にきちんと応対すれば、喜んでいただける最大のチャンスです。逆に、応対が悪かったら、お客様はその復讐をしたくなります。「返報性の法則」が働いてしまうのです。

　返報性の法則とは、ほかの人から何かをしてもらったら「お返しをしないと気が済まない」と感じる心理のことを言います。人間が自然に持っている気持ちです。返報性という言葉は「お返し」と「報復」という言葉で構成されています。

　好意の返報性は「相手から受けた好意に対するお返し」。

　敵意の返報性は「自分に向けられた敵意に対する仕返し」です。

　返報性の法則は、ポジティブな「お返し」だけでなく、「仕返し」というネガティブな側面も持っています。

　だからお客様に声をかけられたとき、応対が悪かったら、その復讐をしたくなる「返報性の法則」が働くのです。

　パートさん・アルバイトさんの本音として、「お客様は売場で声をかけてきて仕事の邪魔をする」という気持ちがあります。

　でも、だからこそ、お客様から声をかけられたときが肝心です。

　きちんと応対すれば、喜んでいただける最大のチャンスです。お客様から何か聞かれたら、仕事を中断してもきちんと応対します。困っているお客様はすぐお助けします。自分ができない場合はすみやかに引き継ぎます。

　現場では、こういったことを伝える機会も実はあまりありません。教育マニュアルに加えておいてもよいかもしれません。

ステップ4

業務改革に取り掛かるときに知っておきたい自動化の仕組み

せっかくつくりあげた業務改善の仕組みがくずれてしまうことがあります。これは避けられないことです。それを防ぐには根本から変えていく業務改革が必要です。ステップ4では業務改革の手順を紹介します。

抜本的な対策が必要なときは業務改革という選択も

　冒頭でもお話ししましたが、業務改善は仕事のプロセスに問題がないことを前提に原因をつぶします。既存の仕組みを活用して、いろいろ工夫して改善していくのですが、改善すればするほど人手がかかる仕組みになるという一面があります。これが業務改善の最大の欠点です。

　一方、業務改革は全体の仕事のプロセスから見直し、抜本的改革をはかります。古い仕組みを捨て、新しい業務システムを開発・導入します。

◎業務改善と業務改革

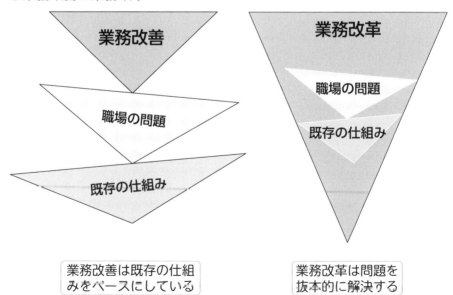

業務改善は既存の仕組みをベースにしている

業務改革は問題を抜本的に解決する

● 人件費管理の業務改革を試みると……？

　たとえば、これまでにも事例としてあげていた人件費管理。人件費管理は「毎日勤務を確定させることが重要」と前述しました。

　人件費管理は買い物にたとえるとわかりやすくなります。

　人件費管理できない人は、毎日気楽にクレジットカードで決済し、金額も確認せずレシートを廃棄します。そうすると月末に請求書が来てビックリ仰天。毎月その繰り返しです。

　人件費管理の優秀な人は、財布に現金を入れて、毎日、使った額を確定させて家計簿管理をしています。きめ細かなやり繰り算段を毎日実施しています。

　つまり人件費管理の仕組みを抜本的に変えようとすると、先行指標のMHと時間外労働時間を毎日きちんと確定して、結果指標である人件費を管理する必要があるということになります。

　人件費をきちんと管理するための重要KPIは４つあります。

1．契約率の「見させる化」

　予算MHに対して、今契約しているMHがどれくらいあるかを誰もが見えるよう、「見させる化」します。これは私の造語で、「見える化」ではなく、おのずから目に入る＝「見させる」ようにするのです。契約率は、パートさんが入社したり退社したりするたびに、頻繁に変わるので、定期的に確認する必要があります。

2．シフトMHの「見させる化」

　シフトをつくったときの月間MHがわかるようにします。予算内になっているかどうか確認します。これにより、最初から人件費の予算をはみ出してシフトを組むことが防止できます。

3．日ごとの勤務確定の「見させる化」

　毎日きちんと勤務を締めているかどうかを、「勤務エラー率」などで見させるようにします。きちんと締めていればゼロになります。これにより、「月末に勤務を締めてみたら、MHや残業が知らぬ間に勝手に増えていて人件費の予算をオーバーしていた」というようなことがなくなります。

4．MH時間外の累計実績、月末までの着地推定の「見させる化」

　今までどれくらい使用したのかという累計実績とこれからどれくらい使うのかという推定値が、簡単に確認できます。

◎人件費管理をするための４つの重要KPI

１．契約率の「見させる化」

契約率＝労働契約MH÷予算MH

契約率	今月	来月
A店	100.5	100.2
B店	99.8	99.8
C店	100.3	99.9

２．シフトMHの「見せる化」

	計画	予算比
契約MH	5620	100.4
予算MH	5600	----
シフトMH	5580	99.6

３．日ごとの勤務確定の「見させる化」

部門	エラー	未打刻	承認待ち
畜産	0	0	1
農産	0	2	0
水産	5	0	1

４．累計実績・着地推定の「見させる化」

	累計実績	今後推定	着地推定	達成率
実績	460	150	610	98.3
パートMH予算			620	---

　この４つの重要KPIを使うことによって、管理職や部門責任者全員を「やり繰り算段タイプ」に変え、きちんと人件費管理ができるようにすることができます。

　これは毎日、人力で行なうことはとても難しいでしょう。だからこそ、システムで見させる化することが必要です。そしてこの「システム

で見させる化する」仕組みこそが、業務改革の要なのです。

●業務改善の8領域の業務改革とは？

　次の表は、ステップ3で紹介した「業務改善の8領域」について、業務改善の仕組みを使って業務改善を実施した結果をまとめたものです。

◎業務改善の課題

	内　容	実態の確認	課　題
雇用契約管理	○遵守されているか定期的にチェック	×手作業で実態集計	×集計に時間がかかる ×抜け漏れが発生する
早期戦力化 （教育）	○習得管理表・教育プログラム・教育マニュアル	×手作業で実態集計	×集計に時間がかかる
シフト管理	×エクセルでシフト管理	×作成の仕方がバラバラ	×MH管理ができない ×エラーが多発する
毎日の勤務確定	○きちんと毎日勤務を確定する	×手作業で個店別に実態集計	×集計に時間がかかる
作業割当	×手作業で実施 ○レジ実施率　100％ ×営業実施率　25％	×現場で現物を確認するしかわからない	×標準化したものがくずれる
要員配置	○売上別投入MH分析導入	×手作業で実態集計	×集計に時間がかかる
人件費管理	×多くの店舗で人件費オーバー	×人件費管理の重要KPIがわからない	×全社的な人件費管理ができない
労務管理	△働き方改革の推進でチェック項目がふえる	×手作業で実態確認	×集計に時間がかかる ×抜け漏れが発生する

　これらの領域の業務について、私は何十年にもわたって項目別に改善してきました。

　しかし、業務改善をすればするほど問題点が見えてきます。業務改善をするときは最初に現状の実態分析が必要ですが、すべて手作業だということが最大の問題です。業務改善をすればするほど手作業の分析が増えるという新しい問題が出てきました。

　また、手作業でやっているのでできないときもあり、抜け漏れも発生していました。

　また、分析してわかった悪さ加減を現場に連絡しますが、情報伝達に

は手間がかかり、伝わっているかどうかの不安があります。

　前述したように、努力して定着させたことが何回もくずれた苦い経験もあります。

◎業務改善の問題点

- ・人手がかかる
- ・抜け漏れが発生する
- ・情報の到達度が低い
- ・改善度が低い
- ・くずれるリスクがある

　このように、人や人手に頼りすぎているのが業務改善の課題でした。

　早期戦力化の仕組み、要員配置の仕方、作業割当の仕方、投入MHのバラツキ分析、MHの過不足対応の仕方、人件費管理の仕方、労務管理の仕方はわかっていましたが、これらすべてに対し、「手間と人手がかかりすぎる」問題も付随します。この問題を解決するには、「自動化」しかないことは気づいていました。

　これまでのノウハウをもとに、誰でも簡単にできて効果の出るワークスケジューリングプログラム（WSP）をシステムとして完成できれば解決するが、と考えつつ、なかなかそのような会社は見つかりません。

　気づけば会社の役員退任まであと５年、というところで、やっと満足できるシステムを構築できる会社と出会いました。そうして開発したのが業務改革システムWSPです。

　次の項目では、WSPを開発した背景思想＝業務改革のコンセプト、方法をお伝えします。

特別なことは何もしないのに効果が出続ける ワークスケジューリングプログラム

ワークスケジューリングプログラムは、「科学的に、効果的な働き方を計画し、結果を自動で検証する仕組み」です。

① **現場作業を楽にし**

② **科学的に、効果的な人の使い方をして**

③ **全社的な、働き方改革と業務改革を、自働で推進する**

チェーン・マネジメント・システムです。

次のような業種、企業に向いています。

◎導入に向いている企業

- ・多店舗展開しており責任者がシフト管理や作業割当をしている企業
- ・チェーン経営している業界。拠点数が多いほど投資回収が速い
- ・事業所の数が多く、従業員を多く雇用している企業

反対に、個人個人で仕事を自己完結している企業や拠点数が少ない企業は投資回収が難しくなります。ただ、このWSPの自動化の考え方、仕組みは、そういった企業でも個別に取り入れられる部分はあるはずです。

WSPは前述のこの8領域について、それぞれ効果を発揮します。

◎業務改善の8領域

雇用契約管理	教育	シフト管理	作業割当	勤務確定	要員配置	人件費管理	労務管理

　繰り返しますが、WSPを開発するときに、従来の業務改善の課題として上がったのは次のようなことでした。

・部署ごとに仕組みや手法がバラバラ
・手作業が多く、抜け漏れが発生する
・徹底したことが何回もくずれる
・どうせなら、数値改善につなげたい

　私の経験としても、現場は悪さ加減がわかれば、必ずアクションします。現場がアクションできないのは、悪さ加減に気がついていないだけなのです。では、現場に必要な数値は何か？　その必要な数値を毎日、全員にどう連絡するか？

　こういった課題があったため、WSPの目的は次のように設定しました。

◎WSPの目的

・従業員の労務コンプライアンスを遵守する
・従業員に効果的で効率的な仕事をしてもらう
・管理職に人件費をきちんと管理してもらう
・全社的な働き方改革と業務改革を自動で推進する

　WSPがメスを入れるのは、MIIのムダ使いです

●業務改善の仕組みとの大きな違い

業務改善の仕組みでは、次の表のような課題がありました。

◎業務改善の仕組みの課題

雇用契約管理	シフト管理	作業割当	MH分析	人件費管理	労務管理
使いにくいシステム		手作業で作成 人によってバラバラ	手作業で集計大変	MH管理できない	手作業で集計大変

これを、次のようにバージョンアップしたのが業務改革システムWSPです。

◎業務改革システムWSP

雇用契約管理	シフト管理	作業割当	MH分析	人件費管理	労務管理
一気通貫のシステム					
自動チェック	自動リコメンド	自動作成& 自動リコメンド	自動分析 ムダの見える化	自動計算 重要KPIの 自動表示	自動チェック

WSPには、4つのポイントがあります。

◎WSPの4つのポイント

① 雇用契約管理から労務管理まで、バラバラだった仕組みを一気通貫のトータル・システムにしました。これによって情報の流れが一本化できました。

② 優秀な人のマネジメントのノウハウを重要KPIで表示し、誰でも簡単にマネジメントできるようにしました。

③　手作業をゼロにし、階層別に必要なデータをすべて自動表示しました。

④　MHの過剰と不足を「見させる化」して、MHを有効活用できるようにしました。これが人時マネジメント改革の要となる部分です。

その結果、誰も何も、特別なことは一切していないのに働き方改革と業務改革が推進できるようになりました。

5つの自動化ポイント

　WSPで自動化を推進したのは、次の5つのポイントについてです。

　1つ目は全従業員の労務コンプライアンス自動チェックです。労務管理の抜け漏れを防止し、手作業をゼロにしています。

　2つ目は自動リコメンドによるシフト表の作成です。毎日の作業量に応じて、簡単にシフトをつくれるようにしています。

　3つ目は自動リコメンドによる作業割当表の作成です。全店・全部門で、毎日、作業割当表を簡単に作成しています。

　4つ目は使用MHの自動分析です。どこにMHのムダがあるか見える化しています。

　5つ目は働き方改革と業務改革を自働で推進する重要KPIです。誰でも優秀なマネジメントができるように「自分だけの重要KPI」を毎日、自動で見させる化しています。

　これらを自動化すると、現場で、毎日しなければならない作業は次の3つだけになります。

①　月間シフトの作成
②　作業割当表の作成
③　毎日の勤務確定

　すべて現場でしなければならない3つの作業だけが残ります。WSPはそれ以外の手作業をゼロにし、マネジメント業務に専念できるようにしました。

◎WSPで変わること

<table>
<tr><td>

WSPで発生する業務

①月間シフトの作成
②作業割当表の作成
③毎日の勤務確定
　の３つだけ

</td><td>

重要KPIの「見させる化」

働き方改革と業務改革を推進

</td></tr>
</table>

WSPの重要KPI

社員コード：[　　　　]
パスワード：[　　　　]
ログイン

⇒ Aさんの●●情報
⇒ Aさんの○○情報
⇒ Aさんの★★情報

⇒ Bさんの●●情報
⇒ Bさんの○○情報
⇒ Bさんの★★情報

毎日自動表示

情報の到達度
100%

効果　　大
継続性　大

	改善内容	実態の確認	課　題
雇用契約管理	○契約更改状況や契約・実働時間自動表示・改善・四重チェック	○WSPで自動表示 ○抜け漏れなし	
早期戦力化（教育）	○習得管理表・教育プログラム・教育マニュアル	×マンパワーの見える化 手作業で集計	○WSPアドオン可能
シフト管理	○作業量に応じたシフト作成とMHの過剰と不足自動表示・改善	○WSPで自動表示 ○エラーのないシフト作成	
毎日の勤務確定	○毎日の勤務確定状況自動表示・改善・四重チェック	○WSPで自動表示	
作業割当	○全店・全部門リコメンド作業割当 実施率　100%	○WSPで自動表示 ○標準の仕方で作業割当	
要員配置	○売上別投入MH自動表示・改善四重チェック	○WSPで自動表示	
人件費管理	○人件費重要KPI自動表示・改善・四重チェック	○WSPで自動表示	
労務管理	○各種定期チェック自動表示・改善・四重チェック	○WSPで自動表示 ○抜け漏れなし	

自動化の効果

1．定性効果

　自動化することの効果には、定性効果と定量効果があります。

　定性効果については、次の短期的な5つの効果と中期的な効果があります。

◎WSPの短期的な効果

> ① 労務管理では、全従業員の労務管理状況を自動でチェックできる（手作業で分析していたMHがゼロになります）
> ② シフト管理では作業量に応じたシフト管理ができる
> ③ 作業割当では、全店・全部門で作業割当表が簡単に作成できるようになり、標準化が推進できる
> ④ 要員配置では、全店・全部門のMHが適正配置かどうかわかる
> ⑤ 重要KPIでは「私の重要KPI」が毎日自動でわかる
> ⑥ 人件費管理では、全店の人件費管理のレベルが格段に上がる

◎WSPの中期的な効果

> ・人事売上改革
> MHのムダ使いが、自動で見えるようになる
> 全社的な人時売上の改革が推進できる

中期計画では、全社的なMHのムダ使いが自動で見えるようになり、人時売上の改革が推進できるようになります。

２．定量効果

定量的な効果には、次のようなものがあります。

◎WSPの定量的な効果

① **さまざまな領域の手作業業務のゼロ化**
（測定はできませんが、すごい効果を感じています）
② **作業割当表の作成時間の大幅削減**
③ **人件費管理の削減**
（WSPの導入以降、予算内になりました）
④ **MHのムダづかいの見える化**

その結果、中期計画で人時売上改革を推進できます。

次のページから、各自動化の具体的な事例を紹介します。

◎定量効果の詳細

	項　目		内　容
1	手作業業務ゼロ化		膨大な効果がありましたが、測定不能
2	作業割当表 作成時間の短縮	レジ	全店　自動で100% 大幅作成時間短縮
		営業	全店　自動で100% 大幅作成時間短縮
3	現場の人件費管理		人件費オーバー ⇨ 人件費予算内
4	業務改革による 人時生産性改革		中期計画　人時売上改革の推進 業革推進度によって変わります

事例1

数万人の労務コンプライアンスの自動化

　まずは労務管理です。

　数万人の労務管理の状況を手作業でチェックすると、作業量は膨大になり、チェックの抜け漏れも多発します。また、継続的に定期的に実施するのも大変です。

　WSPでは、労務コンプライスの遵守状況を自動でチェック、結果をすぐ自動表示し、すぐアクションできるようにしています。

　異常値があれば、部門責任者、店長、販売部長、人事部スタッフが四重チェックで実態を確認でき、抜け漏れなくスピーディな改善が可能です。

　手作業がゼロになり、膨大なコスト削減ができ、労務コンプライスも遵守されます。

　次の表の項目も自動表示できるようにしました。もし、WSPを導入しないが労務コンプライアンスの確認の負担を減らしたければ、表の項目をなるべく人手をかけずに確認できる仕組みをつくるとよいでしょう。

◎WSPで自動表示させた項目

①	時系列で月間の休日数・時間外・未打刻の実態が把握できる
②	問題がある場合、その対象は誰かわかる
③	労働契約はきちんと更改されているかわかる
④	労働契約書類はきちんと配付する仕組みになっている
⑤	契約時間・実労働時間・社保加入要件に問題はないかわかる
⑥	法律は遵守されているか　（例）有休5日の取得など

◎正社員の労務コンプライアンス・チェック例

			3月		4月		5月		6月		7月	
			人数	構成比	人数	構成比	人数	構成比	人数	構成比	人数	構成比
未打刻5回以上												
時間外	80時間超											
	40時間超											
	30時間超											
	30時間以内											
平常休日	不足	1日										
		2日										
		3日以上										
	超過	1日										
		2日										
		3日以上										

未打刻・時間外・休日のランク別人数の見させる化

人数を
クリック
すると

店名	部門	氏名	職位	資格	休日回数	未打刻	訂正回数	シフト時間	時間外目安	時間外

該当者の見える化

※画面はイメージです。

　この表は正社員の労務コンプライアンス・チェックのイメージ画面です。全従業員の未打刻・時間外・休日取得数について月次単位の結果を表示したものです。

　上段は、項目別の該当人数を表示しています。人数の数値をクリックすると、下段に該当する個人の状況が自動表示されます。

　部門責任者は部門全員のデータを、店長は店舗の全従業員のデータを、販売部長は販売部の全従業員のデータを確認します。

　人事部のスタッフは全従業員のデータをチェックし、四重チェックで監視します。抜け漏れなく・継続的に・確実に・人手をかけずに監視できる大きな効果があります。

シフト管理の自動化

働き方改革と人件費管理は、シフト管理が生命線です。
最低限必要な機能は次の4つです。

◎シフト管理に必要な機能

① MHの月間予算が簡単にわかる

② シフトをつくったときのシフトMHがわかる

③ 毎日の忙しさの度合いが簡単にわかる

④ 正しいシフトしか入力できないようにする

特に、やりくりをして、MHを予算内にすることがとても重要です。
　また、そのなかで従業員からのシフト変更希望に対応したり、有給休暇を計画的に取得させたりすることが、部門責任者の重要な業務になります。
　この概念を使って手動で管理する仕組みを考えたい場合は、次のことができているかどうかをチェックしてください。

◎手動で行ないたい場合のチェック項目

①	正しいシフトしか入力できないようになっている
②	労働契約に基づいたシフトを確認できる
③	契約率・シフトMH・MH予算達成率がわかる
④	「毎日の忙しさ度」がわかる
⑤	シフト調整前・調整後のMHのバラツキの変化がわかる

WSPでは、シフト表は次のような画面で表示されます。

◎WSPのシフト表示例

							計画	予算比
グラフ表示			バラツキ	6.02		MH予算	6200	100.0
						シフトMH	6150	99.2
						契約MH	6250	100.8

基本契約	氏名	規定	所定	24 土	25 日	46週	26 月	27 火	28 水	29 木	30 金	31 土	1 日
売上予算 千円				1800	1904	12702	1875	1906	1768	1867	1567	2098	25
出勤MH 時				48.00	50.00	196.30	48.00	52.00	46.00	50.00	44.00	60.00	65.
人時売上 円/時				37,500	38,080		39,063	36,654	38,435	37,340	35,614	34,967	39,0
人時売上指数 %				100.2	101.8		104.4	98.0	102.7	99.8	95.2	93.5	104
≠MH 時				-0.1	-0.9		-2.1	1.0	-1.3	0.1	2.1	3.9	-
9:00~18:00	●● ●●	8	8	900	900	2	平休	900	900	平休	900	900	9
月、木		168	168	1800	1800			1800	1800		1800	1800	18
				8.00	8.00	40.00		8.00	8.00		8.00	8.00	8.
				1.00	1.00			1.00	1.00		1.00	1.00	1.
8:00~14:00	○○ ○○	5	5	800	800	2	800	800	平休	800	平休	800	8
水、金		110	110	1400	1400		1400	1400		1400		1400	14
				5.00	5.00	10.00	5.00	5.00		5.00		5.00	5.
				1.00	1.00		1.00	1.00		1.00		1.00	1.

※画面はイメージです。

1．労働契約に基づいて、全員のシフトが自動リコメンドされます
2．グラフをクリックすると毎日の忙しさの度合いのグラフが現れるので、確認しながらシフト調整をします
3．バラツキの欄でシフト調整結果、MHのバラツキ度合いがわかります
4．シフトMHがMH予算内になっているか確認します

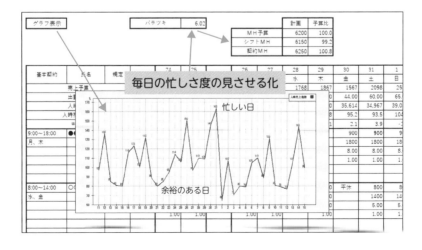

事例3

作業割当の自動化

作業割当の目的は次の4つです。

◎作業割当の目的

	内　容	ねらい
①	始業・終業・休憩時間をきちんと指示する 必要に応じて計画残業を事前に指示する	上司の義務
②	任せっぱなしや口頭指示ではなく 効率的な仕事の仕方を指示し標準化する	作業効率アップ
③	その日に完了すべき大事な仕事をきちんとさせる	作業の抜け漏れ防止
④	毎日のMTで部門間のMHの貸借りができるようにする 貸し借りMHは振り替えする	人時売上改善

作業割当の役割は、とても重要です。

全店・全部門で、作業割当表を活用している企業にならなければ、生産性改革の第一歩は踏み出せません。現場で簡単に作成できる作業割当システムは、WSPの中でも一番、難易度が高い課題です。

WSPでは、現場で作業割当をするときの思考プロセスを、システム化しています。

レジ部門のように時間帯別変動作業量が明確な部門については、RE基準に基づく自動作業割当をリコメンドしています。営業部門のように時間帯別変動作業量が不明確な部門については、作業パターンに基づく自動作業割当をリコメンドしています。

ここで一番大事なのは、自動作業割当に対する現場の部門責任者の納

得感です。少しでも不信感があり、めんどうだと思われたら、絶対に活用してもらえません。

　またWSPでは作業割当の結果について統計的に集計し、MH配置が妥当だったのかどうか検証できるデータを月次で自動表示しています。

◎レジRE基準作業割当のイメージ画面

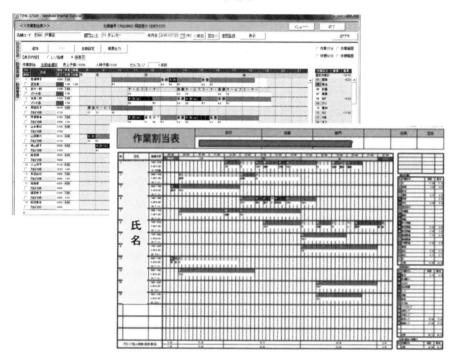

　レジ部門については、時間帯別変動作業量からレジの時間帯別開放台数が推定できます。過去の曜日・時間帯別の売上・客数のPOSデータやレジ登録のRE基準・レジ登録スピードを、自動計算して開放台数を算出します。

　次に個人別スキル（誰がどの作業を、どの程度できるか、登録したもの）と、固定作業マスタ（曜日・時間帯別の固定作業を登録したもの）に基づいて、個人別に自動作業割当をします。

　部門責任者はリコメンドされた作業割当を確認し、必要な箇所の作業割当の修正を行ないます。

　手書きだと45分〜１時間程度かかっていたものが約５〜15分程度でできるようになり、非常に喜ばれています。

◎作業パターン割当のイメージ画面

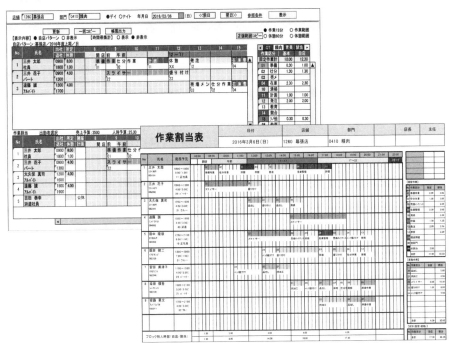

　作業パターンに基づく作業割当は、手作業で作業割当を作成するときの手順をシステム化しています。

　手作業の場合は、まずシフト表を見て当日の出勤者をリストアップします。次に白紙の作業割当表に、個人別に作業割当を記入します。いつもと違う点を修正し、印刷します。合計で45分程度かかります。

　WSPでは、当日の出勤者と、事前に登録してある個人別のいつもや

っている作業を自動表示します。それを確認しながら、部門責任者はいつもと違う変更点について作業割当を修正し、印刷します。約10分で終わります。いつもと同じなら印刷するだけです。

　この仕組みだと、どんな部門でも簡単に作業割当表をつくることができます。

　RE基準作業割当と作業パターン割当を組み合わせると、いろいろな部門や事業所の作業割当が簡単にできるようになります。この結果、全店・全部門で100％作業割当ができるようになりました。

　ほかにも過去2年間の作業割当表や他店の参考になる作業割当が閲覧でき、ノウハウの共有化も簡単にできます。

●作業割当のセルフチェック

　この自動化のエッセンスを取り入れて業務改善の仕組みづくりをしたい場合、簡単なシステムをつくりたい場合、次の項目をチェックするようにしてください。

◎自社でつくる場合のチェック項目

①	全店・全部門、システムで作業割当できる
②	作成が簡単であり作成時間が大幅に短縮される
③	作業ごとの作業割当時間がわかる
④	時間帯別の投入MH(どの時間帯にどれだけのMHを使っているか)がわかる
⑤	部門間・店間の応援や任意チームの作業割当ができる
⑥	貸し借りMH（部署間でのMHの貸し借り）は自動で振り替えできる
⑦	お手本や他店・過去の作業割当が閲覧できる

事例4

要員配置分析の自動化

　全店・全部門で適正なMH配置になっているか、MHの不足やMHのムダ使いがないかを自動で確かめる仕組みです。

◎要員配置分析のポイント

時間帯別	①日商別・店別・部門別の投入MHが自動でわかる
	②同規模売上の店別・部門別の投入MHが自動でわかる
作業割当別	③日商別・店別・部門別の作業割当MHが自動でわかる
	⑤同規模売上の店別・部門別の作業割当MHが自動でわかる

　次の画面例が、日商別MH状況のデータです。

◎日商別MH状況のデータ表示（イメージ）

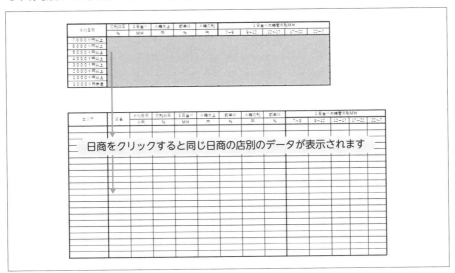

店別・部門別・日商別に毎月自動表示されます。

　上段は、同じ日商別の店舗群のデータを自動表示しています。日商の欄をクリックすると下段に同じ日商の店別データが表示されます

　また、同じ日商の店舗群の個店別のデータも示せます。

　店別比較をし、どこの時間帯にムダがあるか、どこの時間帯に不足があるのか、配置MHの妥当性について簡単に判断することができます。

　印刷すると、データがランキング順に印刷されます。自分の知りたいデータを、蛍光ペン指定すれば色がつき、探す時間を短縮することもできます。

　一方、通常のシステムのトップ画面は、次のような一覧表になっています。これでは従業員が1000人いれば1000通りの使い方がされます。マネジメントに必要な画面の確認は、後まわしになりがちです。

　また、パソコン操作ばかりやっている従業員も出てきます。WSPはそのようなことはありません。チェーン経営では、現場ではいかにパソコンの前に座らないで仕事ができる環境にするかがとても重要です。

◎通常のシステムのトップ画面（イメージ）

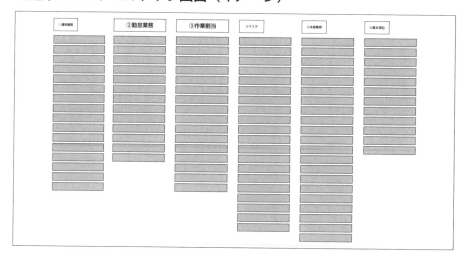

事例5

重要KPIの自動化

　WSPでは、重要KPIをいかに素早く伝達して早く効果を出すかを、とても重要視しています。

　そのためのポイントは4つあります。

① 　ログインして最初に見える画面には、絶対に見てほしい重要KPIを見させる化する

② 　階層別に必要なデータのみ表示する

③ 　重要KPIは極端に絞りこむ（余分なものを見せるのは時間のムダ）

④ 　1クリックすれば、原因の見える化ができる

◎データがすべて自動表示できる

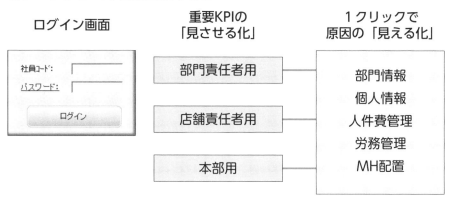

　WSPでは、優秀なマネジャーが大事にしている重要KPIを自動表示し、誰でもそれを指標にできるようにしました。つまり、「私だけの重要KPI」を毎日自動で「見させる化」し、誰でも優秀なマネジメントが

できるようにしたのです。だからこそ、特別なことはしていないのにすごい効果が出続けます。

　WSPで常に自動表示することにした重要KPIのポイントは次の４つです。

◎自動表示した重要KPIのポイント

> ①時間外の累計実績・月末推定はどうか自動でわかる
> ②パートMHの累計実績・月末推定はどうか自動でわかる
> ③毎日きちんと勤務修正されているか自動でわかる
> ④今日・明日・明後日の部門別MH過不足はないか

　大事なのは、優秀な人と同じアクションを誰でも簡単にできるようにすることです。

●WSP導入の効果と実績

　最後に私が自社でWSPを導入した際の効果についてお話しします。WSPを導入する前、私が業務改善を実施していたスーパーでは、主に人力での仕組み化による課題解決をはかっていました。それでは前述した通り、人が変わると仕組みがくずれてしまっていました。

　そこですべてが一元化されて「見させる化」できているWSPシステムを設計、導入しました。

　WSPを導入した際にはもちろん費用がかかりましたが、その分、導入後には経費や人件費が大きく削減できたため、それから１年でWSP導入経費分は補填できました。

　本当に申し訳ないのですが、具体的な数字は開示できません。しかし投資はかかったものの、１年以内に投資回収ができたということをお伝えしておきます。

　ちなみに皆さんの会社でかかっている、手作業の集計分析コスト・労務コンプライアンスの実態確認コスト・作業割当表作成コスト・人件費予算オーバー額を計算してみていただければ、WSPの効果が想定できると思います。

　WSPは導入に初期費用がかかります。これは否めない事実です。企業規模的にWSPを導入することが得策ではない企業もあることは承知しています。しかし、私が勤めていたスーパーマーケットチェーンのようなある程度の規模の企業、しかも流通、小売、製造など、人員配置が多岐にわたり労務管理が難しい企業においては、十分にメリットあるシステムだと考えています。

おわりに

　1985〜90年ごろに村上忍さんが提唱したLSP（レイバースケジューリングプログラム）という概念がありました。

　それについて説明した本は当時、流通業界で一世を風靡し、ものすごいブームになりました。

　私はそのLSPを長年実験・検証してきましたが、残念ながらレジ部門以外では実現できませんでした。

　そもそもLSPとは、あるべきサービスレベルを明確にし、変動作業と固定作業を明確にして作業に人をつける作業割当の領域を言います。

　レジ部門の場合、変動作業量の大半はレジ登録で1種類の作業で約9割強を占めます。変動作業量の予測は、過去の曜日や時間帯のデータでかなりの精度で予測できるので、RE基準作業割当が適用できます。

　そういった理由から相性のよいレジ部門では簡単に運用できましたが、営業部門は何回挑戦してもできませんでした。

　なぜなら営業部門はレジに比べて変動作業量が少なく、その代わり変動作業の種類は多くなります。そうすると日々の変動作業量の予測がか

◎スーパーの部門別・変動作業量の占める割合　イメージ

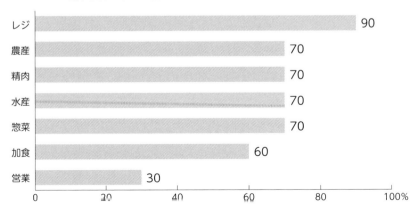

なり難しくなるからです。

　そこで発想したのがWSPという概念です。新しい概念・新しい手法の業務改革が必要だと考えました。作業の仕方だけでなく仕事の仕方を変える必要があったからです。そのときから私のWSPの模索が始まりました。

◎WSPとLSPの違い

項目	LSP	WSPシステム
定義の概要	あるべきサービスレベルを明確にして、作業を変動作業と固定作業に分類し、RE基準に基づいて、作業に人をつけ作業割当をする	科学的に人を有効活用するトータルシステム
対象領域	作業割当の領域で狭い	人の使い方全般で広い
ねらい	RE基準に基づく作業スピードのアップ	MHの過不足対応による人時売上改善
導入領域	時間帯別変動作業量の明確な現場のみ導入可能	変動作業量が不明確な現場でも導入可能
現場作業	上記現場以外すべて手作業	手作業ゼロ化
現場評価	無理にやると机上論に！	簡単で便利
システム化	レジの領域しかできない	全領域システム化できる
導入効果	レジの効果は大きい	人時生産性の改善

　LSPは作業割当の領域で有効で、WSPと比べると狭い領域を対象としています。狙いはあるべきサービスレベルの実現とRE基準に基づく作業スピードのアップです。

　一方のWSPシステムは、科学的に上手な人の使い方をするトータルシステムのことを言います。対象領域は人の使い方全般です。狙いは、MHの過不足対応による人時売上改善です。

変動作業量が不明確な現場でも導入可能で、手作業はゼロになり簡単で便利です。人の使い方に関する領域については、全部門、全領域システム化できます。また明確な定量目標を持っています。

　私の会社人生はLSPに始まり、WSPで終わったとも言えます。新しい概念・新しい手法の業務改革としてのWSPを発想し、どのようにしてシステムを構築すればいいか、模索を続けました。そして最後の最後の土壇場で、なんとかWSPを開発導入することができました。なんと約30年かかってしまいました。

　LSP（作業のやり方）を追求し、WSP（仕事のやり方）に行き着いたと言えます。最後に、このような執筆のチャンスをいただき、LSPを提唱した村上忍さんはじめ、昔お世話になった会社の皆様、システム会社の皆様、クオーレの工藤社長には大変感謝しています。ありがとうございます。

　まだまだ世の中には過去型の古いマネジメントの仕組みが多く残っています。本書ではチェーン・マネジメント・システムの急所について記載いたしました。なんらかの未来への橋渡しの第一歩としてご参考になれば幸いです。

　最後にご質問などがある場合は、ぜひ次のメールアドレスまでご連絡願います。

ベスト・ヒューマン・パフォーマンス
代表　西野紳哉
shinya@pb.ctt.ne.jp

西野 紳哉 （にしの しんや）

1954年生まれ。業務改善コンサルタント。元株式会社マルエツ取締役。1978年慶応義塾大学工学部を卒業後、4月に株式会社サンコー（後にマルエツと合併）に入社。店舗運営部に配属され、人材育成・業務改善を役員退任まで担当する。ストアオペレーション改善推進部長、川崎西販売部長、経営企画室付部長（構造改革担当）、事業管理部長、教育訓練部長などを歴任し、2010年5月、執行役員に。2014年5月、取締役。在職中にシフト、作業割当などを一元管理するシステムWSPの開発に着手し、導入、成果を挙げる。この成功体験から「業務改善の急所は重要KPIの"見させる化"」だと確信。役員退任後、2020年に業務改善コンサルティング会社ベスト・ヒューマン・パフォーマンスを創業。大企業やチェーンストアに向けてはWSPを販売する一方、中小企業等に向けて業務改善コンサルティングを行なっている。

「業務改善の仕組み」のつくり方

2023年6月20日　初版発行

著　者　西野紳哉 ©S.Nishino 2023
発行者　杉本淳一

発行所　株式会社 日本実業出版社　東京都新宿区市谷本村町3-29 〒162-0845
　　　　編集部 ☎03-3268-5651
　　　　営業部 ☎03-3268-5161　振　替　00170-1-25349
　　　　https://www.njg.co.jp/
　　　　印　刷／厚徳社　　製　本／共栄社

ISBN 978-4-534-06018-1　Printed in JAPAN